Matthias K. Thun
La abeja - Conducta y cuidados

Matthias K. Thun

LA ABEJA
Conducta y cuidados

ANTROPOSÓFICA

Título original: Die Biene Haltung und Pflege

Thun, Matthias
    La abeja conducta y cuidados / Matthias Thun. - 2da ed. - Villa Adelina :
Antroposófica, 2019.
    302 p. ; 23 x 15 cm.

    Traducción de: Ingrid Suanzes Rey.

1. Apicultura. I. Suanzes Rey, Ingrid, trad. II. Título.
CDD 638.1

Revisado y corregido por el Equipo de la Editorial Rudolf Steiner con la
ayuda de la traducción de Alvaro Altés Domínguez, cedida por la revista
Fertilidad de la Tierra y la inestimable ayuda de Adrián González
Domínguez y Eduardo Torralba Torres.

Edición autorizada por Editorial Rudolf Steiner (Madrid)

Impreso en Argentina en octubre de 2020

Editorial Antroposófica
Buenos Aires, Argentina

info@editorialantroposofica.com
www.editorialantroposofica.com

AGRADECIMIENTOS

Ernst Perkiewicz *intentó reconocer durante toda su vida el ser de la abeja, transmitiéndoselo a sus alumnos. Él me ayudó a una amplia formación en apicultura. Gracias a esta formación he podido ver a la abeja, no simplemente como una productora de miel sino que me ha servido para aprender y para conocer las costumbres y deseos de las abejas. Mi formación se completó al enviarme al fabricante de colmenas rústicas de paja,* **Fritz Manteufel**. *Basándome en sus conocimiento he podido describir la forma de construir una colmena de paja.*

Los conocimientos para realizar ensayos con abejas provienen del **Dr. Oskar Wahl** *y de sus trabajos en el Centro de Ensayos de la Escuela de Apicultura de Marburg.*

Bibliografía recomendada*:*

Rudolf Steiner, "El hombre y el mundo", "La actuación del espíritu en la naturaleza", "Sobre las abejas".

Regla fundamental: evitar todas las medidas que perturben el orden y costumbres que imperan y regulan la vida de las abejas y por las que ellas se desarrollan.

Ferdinand Gerstung

CONTENIDO

PRÓLOGO

Desde el año 1970, editamos una pequeña publicación anual: "El calendario del apicultor: días favorables para el apicultor". Los lectores nos pidieron que incluyéramos la información que aquí se indicaba en el "Calendario anual" para que no fuera necesario comprar los dos. Después de doce años de editar el calendario del apicultor, correspondimos a ese deseo. Pronto se fueron acumulando las peticiones para un libro sobre el cuidado y mantenimiento de las abejas desde la perspectiva de los ensayos de constelaciones. Así, poco después nació el proyecto del libro. La nueva situación provocada por la aparición en aumento del ácaro de varroa, requería información para buscar posibles actuaciones. Se nos planteó la pregunta de si se puede tratar este ácaro con medios biológicos. Nos pusimos a investigar qué es lo que debía cambiar en el cuidado de las abejas. Teníamos ya experiencia en la regulación de otros insectos. La cuestión era, ¿se puede combatir este ácaro de igual manera? ¿Existen posibilidades de fortalecer a la abeja mediante un cuidado y mantenimiento adecuado? Buscamos la respuesta a esta pregunta, el tiempo pasaba y obtuvimos algunas respuestas útiles que pueden ayudar al apicultor en su trabajo con las abejas. Deseamos al apicultor éxito con estos consejos y buena salud para las colmenas.

Desde la aparición de la primera edición de esta publicación, ya han pasado quince años. Si intentamos estudiar cuales han sido los cambios en estos años, constatamos que no son las abejas las que han cambiado, sino los apicultores. Quieren más a las abejas, lo que se refleja en organizaciones ecológicas de apicultores. Sabemos que la abeja es un ser sobre el que tenemos que reflexionar si queremos llegar a entenderla.

En esta publicación tratamos sobre todo los nuevos métodos para la incineración de la varroa, para poder ayudar al apicultor y a las abejas en la regularización del problema.

Dexbach, marzo 2000

El editor

INTRODUCCIÓN

En los últimos cien años, los hombres, el mundo animal y vegetal han sido marcados por el desarrollo continuo de la técnica. No solo la vida cotidiana ha cambiado en esta época, sino que también las condiciones de vida de los animales y las plantas se han visto limitadas en parte.

Hoy el ser humano es capaz de ir hacia las estrellas, como nos demuestran las investigaciones del espacio. Hemos conseguido inseminar una abeja reina con instrumentos para poder tener un control de apareamiento de las abejas. Por otro lado, conseguimos cosechas que hasta hace unos años eran inimaginables, pero solo son posibles utilizando un máximo de insecticidas ya que si no las plantas son destruidas por los parásitos.

En el caso de las abejas, llegamos a criar colmenas enormes que producen grandes cantidades de miel. Pero al mismo tiempo se han vuelto tan frágiles ante las enfermedades, que los apicultores se resignan cuando se plantean de manera seria el futuro de la abeja, ya que no ven una posibilidad de supervivencia para estos animales. Esta resignación ha disminuido en los últimos años, ya que se han ido encontrando nuevos medicamentos contra la varroa. Dado que solo pueden utilizarse de forma limitada, la inquietud por las abejas no ha terminado.

Esta y muchas otras contradicciones en la vida cotidiana han llevado a que un gran número de personas busquen las formas de crear una vida para el futuro. Volvemos a recordar tiempos pasados y llegamos a la conclusión de que lo que habían conseguido nuestros antepasados no es tan anticuado o extraño como cuentan.

En la apicultura se está plenamente convencido de que sin la cría de larvas obreras y sin los cuadros, que también pueden ser de plástico, no se pueden criar abejas de una manera rentable. Las costumbres de las abejas, como la multiplicación, el rejuvenecimiento mediante la enjambrazón o la construcción del panal mediante panales naturales, hoy son consideradas como algo imposible, algo con lo que no se puede practicar la apicultura. Nuestra abeja, ¿es que ha cambiado tanto o se ha dejado cambiar tanto en los últimos cincuenta años?

Desde la aparición de la varroa en Europa, la opinión de los apicultores es otra. Las grandes producciones ya no son lo más importante sino el mantenimiento de las abejas. Dado que no se encuentran medios eficaces, se empieza a pensar sobre la manera en que la actual forma de la apicultura puede haber contribuido a la aparición de la varroa. Solo podemos tener una respuesta si tenemos en cuenta la forma de vida natural de la abeja.

En este libro queremos exponer el cuidado de las abejas respetando sus costumbres naturales. La experiencia del pasado se unifica con la experiencia del presente, para poder llegar a una futura apicultura que rinda. Este cuidado de las abejas no es para que sea practicado solo por grandes apicultores, como explicamos claramente. Será una de las pocas posibilidades de conservar la abeja en el futuro.

Agradecemos las conferencias de Rudolf Steiner: "Sobre las abejas" como una gran ayuda para conseguir el cuidado conveniente para las abejas. Este libro se basa en los contenidos de estas conferencias.

Otra posibilidad de actuar de forma positiva sobre las abejas es la de utilizar los ritmos cósmicos. Durante años, hemos comprobado en repetidos y estudiados ensayos, que sus efectos influyen de manera positiva sobre la vida de las abejas. Los resultados de los trabajos sobre los ritmos cósmicos están expuestos en los libros: "Investigaciones de constelaciones para agricultores, viticultores, horticultores y pequeños jardineros" y "Regulación de las plantas adventicias desde las investigaciones de las constelaciones" de Maria Thun, así como el Calendario anual de Maria y Matthias K. Thun.

CUIDADO DE LAS ABEJAS
EN EL PASADO

Para poder entender mejor la situación del actual cuidado de las abejas, puede ser una ayuda revisar el desarrollo de las abejas en el pasado. En nuestros días se aspira a que cada persona realice la profesión que desea. No es como antes, que el hijo del panadero aprende el oficio de panadero o el hijo del herrero la herrería, sino que se tiene más bien la impresión de que hay como una huída de la profesión del padre, porque no quiere hacerse el esfuerzo que ha hecho el padre. Se busca una profesión que tenga un aprendizaje más sencillo y de menos esfuerzo y que al mismo tiempo prometa un valor social que uno espera. Otras personas quieren aprender sin embargo una profesión que en ellos es un profundo deseo, aunque para ello vayan a contracorriente y tengan que soportar ciertas desventajas sociales.

La profesión del apicultor, como comprobamos rápidamente, supone una minoría debido a sus ganancias irregulares, no perteneciendo a las profesiones a las que uno aspira. Si nos ocupamos de manera más intensa de las abejas, nos preguntamos, lógicamente, si tiene sentido tener la profesión de apicultor, tener colmenas como una segunda fuente de ingresos o practicarla como hobby. Si conocemos el pasado de la apicultura, nos resultará más sencillo encontrar la correcta forma profesional.

Siempre hemos de tener presente que las abejas dependen absolutamente del ser humano, es decir tenemos que tener claro que el cuidado de las abejas requiere tiempo. Es cierto que muchas personas piensan que la abeja es un animal salvaje que puede picar. Cuando salen de la colmena para formar una nueva colonia, la gran cantidad de abejas impresiona realmente. Si conocemos más de cerca a las abejas, constatamos que tales fenómenos no tienen nada de salvaje sino que son costumbres que podemos ver en otros tipos de animales que sin más los consideramos como animales domésticos. Un perro que ladra no es salvaje por el hecho de ladrar; una tropilla de caballos galopando no demuestra que sean caballos salvajes por el hecho de galopar. Podríamos pensar que la comparación cojea, pero si conocemos a las abejas la comparación no es incorrecta.

¿Cómo es posible que las abejas sean tan dependientes de los seres humanos?

En sus conferencias de trabajo "Sobre el ser de las abejas", Rudolf Steiner describe lo unido que van el nacimiento del ser humano con el de las abejas. Las abejas surgen en una época en la que el cuerpo humano toma su forma actual. Para poder tener una influencia positiva se necesitaban sustancias de flor que dispusieran de fuerzas creadoras de forma. Para obtener estas sustancias, a partir del cínife de la higuera que es un animal netamente de flor, se crió la abeja de miel que a su vez se alimenta de sustancias floríferas. Estas sustancias tenían que disponer también de la capacidad de poder trasmitir fuerzas, de tal manera que las abejas adquirieron la capacidad de crear celdas de una determinada manera, básicamente hexagonales. Las otras formas de celdas se explican en el apartado "Sobre la construcción de los panales".

La abeja conserva las sustancias de las flores en forma de miel y polen en sus celdas. La miel absorbe las fuerzas que emanan de las celdas hexagonales y se convierte en una sustancia que da y fomenta la forma. La humanidad necesitó de esta sustancia al comienzo de su aparición. Rudolf Steiner habla de Centros de Misterios, en los que se criaban las abejas que luego ofrecían la miel a los seres humanos. Podemos suponer que toda la humanidad ha sido marcada y dirigida desde estos Centros de Misterios.

Damos un gran salto en el tiempo y vamos al Antiguo Egipto y la Grecia Clásica. Aquí encontramos también a la abeja que participa en gran medida en los actos de los templos. En la cultura egipcia encontramos a menudo representaciones de abejas. La importancia del papel de la abeja en el templo queda reflejada también en el hecho de que algunas ayudantes del templo eran llamadas "abejas". Si queremos hacer una comparación o relación entre la vida del templo y los lugares místicos, podemos encontrarla allí donde tuvieron influencia la actividad del templo y los Centros de Misterios. La vida de los Misterios ha marcado toda la humanidad; la vida del templo solo un campo limitado, por ejemplo de una parte del planeta o de un pueblo.

Volvemos a dar un gran paso en la historia y encontramos que en la época de la vida en los conventos la abeja está presente. Se crían colmenas y sobre todo se da gran valor a otra sustancia que de ellas se elabora, es decir la cera. En este tiempo la miel no tiene la importancia absoluta, sino la posterior elaboración de cera con los panales. En general se argumenta que la cera era la única sustancia en aquel entonces para poder iluminar los espacios interiores. Si esta fue la única razón es algo que puede cuestionarse.

Rudolf Steiner explica en sus "Conferencias sobre las abejas" que los hombres de aquel entonces, al quemar las velas de cera se transportaban a un estado de recogimiento especial. Podría decirse que se ofrecía la posibilidad de encontrar más fácilmente el camino al mundo espiritual. Nos preguntamos pues, si las personas que vivían en los conventos dependían de ello ya que su vida se movía básicamente en el mundo espiritual.

Los seres humanos que marcaron la cultura del templo egipcio eran sacerdotes y sacerdotisas que habían sido predestinados para esa tarea. Se podría decir que eran personas que habían nacido con esa relación con el mundo espiritual y no tenían que trabajárselo. Si por el contrario miramos a los hombres que pasaban su vida en los conventos, son personas que en un momento determinado decidieron entrar en una orden o bien fueron determinados por otras personas para ello.

Podemos imaginarnos entonces que aquellos que no habían nacido para tal vida, necesitaban eventualmente una ayuda, como una vela de cera encendida, para llegar a un estado de conciencia superior y sutil. La abeja aparece como una intermediaria gracias a la cera, influye en la vida del convento y actúa de forma positiva sobre un determinado círculo de personas. Este grupo de personas es bastante menor que el que fue influido por la cultura egipcia. Encontramos siempre a la abeja allí donde tenía que producirse un impulso sobre un ambiente espiritual y social en determinadas comunidades.

Si nos acercamos a esos tiempos, la abeja se solía criar allí donde los hombres eran dirigidos y marcados desde el punto de vista pedagógico. Esto sucedía en el círculo del sacerdote y el maestro. La influencia de estas dos personalidades se extiende a toda la comunidad.

En la misma época, encontramos a la abeja en otro círculo de personas, que de forma especial influyen también en la comunidad. Se trata de los campesinos. El campesino no influye en un campo puramente espiritual sino que se encarga de que las personas reciban su pan de cada día. Es una persona que invierte todo su saber y su fuerza para que, en unión con la naturaleza, puedan darse los frutos con los que se alimenta la humanidad y a los que nunca podría renunciar. En un sentido más amplio, el campesino es aquél que sustenta el bienestar y la salud de los hombres, es decir que tiene una gran responsabilidad ante la humanidad.

En nuestra época, en la que ha habido cambios revolucionarios en todos los campos, cambia también la imagen del padre de la abeja. La agricultura inicia nuevos caminos, se le impone un impulso de máquina industrial con lo que aquí, al igual que en otras actividades, se crean empresas especializadas en las que ya no se tiene tiempo para las abejas.

Se siguen criando abejas pero tan solo vegetan, ya que el campesino no tiene tiempo para ellas. Con la especialización agrícola ya no se necesitaban tantas manos de trabajo en el campo y emigraron a la industria. Estas personas seguían guardando, sin embargo, el deseo de mantener su relación con su anterior vida en el campo mediante la cría de ganado menor. Esto se manifestaba en el hecho de que cada vez en mayor medida había personas que por afición criaban abejas, gallinas, palomas, etc., siendo su segunda profesión. Los hombres que criaban abejas no era con una intención comercial sino que su interés residía en sí mismo y en su familia.

Actualmente podemos estar contentos y también la abeja, de que existan todavía estas personas que se ocupan magníficamente de las abejas. Seguramente un 90% de las abejas dependen del cuidado de estas personas. Si esta situación es la deseable para el futuro es algo que tenemos que cuestionarnos. Todo en nuestra evolución va claramente en el sentido de que ya no es cada individuo el que se encarga de una tarea sino que son los grupos los que se sienten responsables. A este respecto miremos más de cerca la agricultura y veremos ya los primeros indicios.

Debido a la evolución social y económica cada vez va a ser más difícil mantener las empresas familiares ya que la mano de obra pagada, como sucede en otras profesiones, es insostenible debido a razones económicas. Esto significa que en el futuro se formarán empresas a partir de comunidades de trabajo, cuya vida social y económica será completamente diferente. Ya hay comienzos en este sentido, su éxito es todavía reducido debido a la dura vida económica que todavía existe. En un futuro lejano la abeja, que en esencia es el ser por definición que representa el organismo social, será cuidada por estas empresas, seguramente como ya lo conocíamos por los campesinos y en los conventos.

La abeja es un animal que actúa hacia el exterior y su vida es autosacrificio. Solo existe para los demás y da toda su vida totalmente a ese organismo: "la colmena". Si en el futuro lejano las empresas agrícolas fueran comunidades sociales de vida, cultura y trabajo, entonces ese será el lugar para las abejas.

APICULTURA EN LA ACTUALIDAD

La apicultura en la actualidad no se practica ni se fomenta de manera general de forma positiva, sino que también hay una influencia profundamente negativa. Esto no sucede solamente debido al apicultor, que puede tomar medidas incorrectas, sino que también y sobre todo por las incursiones que comete el ser humano en la naturaleza, limitando enormemente el espacio vital de las abejas.

En el curso del desarrollo de la agricultura moderna se han cometido graves incursiones en la base alimenticia de las abejas. Las plantas de las que siempre ha vivido la abeja, se declararon hierbas adventicias cuando aparecían en los campos de cultivo. Los campesinos las fumigaban, ya que se tenía la opinión de que la más pequeña planta quitaba al cultivo espacio y sustancias, no pudiendo desarrollarse plenamente. Cuando en un campo de trigo sucede que crecen más plantas adventicias que cereal, puede ser cierto. Los ensayos que ya se hicieron hace setenta años demuestran que esto solo es cierto en algunos casos, que también existían plantas, como el aciano menor, que aumentaban la cosecha, no la disminuían.

Las abejas encuentran hoy en día zonas verdes estupendas que sin embargo no le sirven para nada ya que lo que necesita son flores como alimento. No solamente son las plantas desaparecidas las que les hacen sufrir, destruyendo su fuerza vital, sino son también los productos tóxicos que conocemos como insecticidas. Algunos campesinos cultivan colza en grandes superficies. La colza es una flor que produce mucho néctar y polen.

Para las abejas, la colza es un alimento ideal. Pero la colza se cultiva demasiado, se la abona, siendo ya sensible para muchos parásitos y enfermedades. En consecuencia, la colza solo se puede cultivar con una gran cantidad de insecticida. Si los campesinos quieren pulverizar bien con insecticida y echan un poco más de uno u otro producto, esto puede ser mortal para la abeja que sobrevuela los campos de colza.

Entretanto ya existen insecticidas que son perfectamente soportables por las abejas. Para ellas es magnífico. Sin embargo estos productos tienen un fallo. Si la abeja absorbe además del néctar también el insecticida, entonces lo lleva a la colmena. Allí se elabora una especie de miel con insecticida, que es en parte tan tóxica que no puede utilizarse para el consumo humano. Se convierte en "basura especial" que ha de "eliminarse" de manera adecuada. Con lo cual no es un avance.

Los insecticidas se usan en casi todos los cultivos, también en aquellos que no son sobrevolados por las abejas. Si por ejemplo se pulveriza la remolacha contra un insecto determinado y si después llueve y la abeja va a por agua de las hojas, esto puede causar que no llegue a la colmena o que el olor extraño del insecticida se quede pegado en sus pelos y que la colmena no la reconozca y no le deje entrar. Todo esto tiene como consecuencia que en muchas regiones la apicultura ya no se practica. Con estos ejemplos podemos ver la fuerte transformación que se ha producido en la agricultura. Hace unos sesenta años la abeja estaba integrada en las empresas agrícolas y hoy en día ha desaparecido de casi todas las granjas. Su base de vida ha sido destruida por los hombres, que antes la cuidaban. En realidad es una situación triste y paradójica. Podríamos suponer que el apicultor puede encontrar el medio adecuado para la abeja en el bosque. Pero ya después del primer desmonte del bosque cerca de la colmena, vemos que en la explotación forestal se trabaja de igual forma que en la agricultura.

Si miramos de cerca un claro del bosque, dependiendo de la región y la agricultura crecen plantas en profusión, por ejemplo la dedalera, la hierba de San Antonio y la frambuesa, tan extendida en Europa Central. La frambuesa es muy buena para las abejas, ya que ofrece mucho néctar y polen. En la silvicultura es sin embargo una planta que molesta a las jóvenes plantas por lo que se la pulveriza, aunque se la podría podar con la guadaña y así mantener su existencia. Si un pino o un abeto ya tiene algunos años, la frambuesa ya no le impide el crecimiento y no le molesta. En la silvicultura ocurre como en la agricultura: pulverizar es más fácil y más barato, en comparación con un trabajo de efecto parecido pero mejor, que ha de hacerse con mano de obra cara. Para el apicultor esto significa que en algunas regiones se convierte en la presa a perseguir, si no quiere tener pérdidas de sus colmenas debido a una incorrecta utilización de los insecticidas.

En la apicultura siempre podemos hacer observaciones interesantes. Si los apicultores principiantes escucharan a los apicultores con experiencia pronto perderían el valor para avanzar. A menudo los vecinos se consideran enemigos de las abejas. ¿Cómo puede ser? En la mayor parte de los casos, los apicultores que tienen problemas con los vecinos, ellos mismos son culpables de esta mala relación. Se basan en que los habitantes de algunas zonas suelen tener colmenas y el vecino tiene que aceptar todas las operaciones con las abejas.

Los apicultores dejan pasar a las abejas al campo del vecino. Si colocamos las colmenas a unos metros dentro de la propiedad y ponemos unos setos o árboles para obligarlas a volar más alto, entonces evitaríamos el conflicto con los vecinos. A menudo las discusiones con los vecinos se deben a pequeños errores del apicultor. Normalmente podemos cambiar las diferencias con un buen tarro de miel.

Para el apicultor principiante, vamos a citar dos ejemplos para hablar de forma sencilla con el vecino. Si tenemos la colmena en una urbanización o en una zona de jardines pequeños, tenemos que contar con que el vecino mantiene el césped corto a la inglesa, utilizando para ello un cortacésped, insoportable para las abejas y los humanos. Si se acerca con este aparato cerca de la colmena, entonces las abejas se sienten obligadas a parar ese ruido insoportable. Primero rodean el cortacésped, pero pronto se dan cuenta que es más eficaz perseguir al que empuja al cortacésped. Este es entonces el pobre vecino. Si el apicultor quiere mantener la amistad con el vecino, entonces él debe cortar el césped cerca de la zona de la colmena y dejarse picar por sus propias abejas. Si sabe manejar la guadaña, sería mejor para las abejas y para uno mismo.

El segundo ejemplo es totalmente diferente. Podemos observar que en las zonas residenciales, cuando llega la primavera y los primeros rayos de sol las amas de casa cuelgan la ropa en el jardín. En estos días realizarán seguramente las abejas su vuelo de limpieza. La ropa ya no se ve ni blanca ni con color, sino más bien salpicada de manchas marrones, ya que la ropa blanca o de color es como un imán para las abejas, que van allí para eliminar. Un ataque de nervios más o menos fuerte de la vecina suele ser la consecuencia. Recomendamos avisar con tiempo a los vecinos para que no suceda. Con este ejemplo, podemos ver bien que los conflictos entre vecinos no tienen por qué provocarse si el apicultor intenta ponerse en el lugar de su prójimo.

Después de todo lo que hemos contado, comprendemos que la apicultura actualmente no es algo fácil. Pero si hemos decidido firmemente ser padre de abejas, entonces comprobamos que las barreras infranqueables se pueden superar, si tenemos suficiente voluntad y no somos tan rígidos sino que disponemos de suficiente flexibilidad interior.

INSTALACIÓN DE LA COLMENA

Si tenemos que montar una nueva colmena o trasladar una antigua, nos encontramos con el problema de encontrar un buen lugar. Como regla general tenemos que saber que allí donde no nos sentimos bien tampoco se encontrarán bien las abejas. No ha de ser ni un valle donde siempre corre un viento fresco, ni un lugar húmedo y pantanoso, ni donde uno se derrita de calor en verano. El emplazamiento debería estar expuesto a la luz solar unas horas al día, es decir, no en una pendiente que mira al Norte donde nunca da el sol.

Si solo tenemos zona de bosques, entonces escogeremos un terreno de barbecho. A menudo lo encontramos en los linderos de los bosques o en colinas donde, ni los agricultores ni los ingenieros forestales tienen interés en cultivar. Aquí suele haber matorrales y enebros que crean un microclima agradable; una colmena en este lugar puede integrarse muy bien. Si aprovechamos las sombras de los matorrales, la colmena no tendrá nunca ni demasiada luz ni demasiada sombra. La captura del enjambre es también más fácil en este lugar.

Una colmena en pleno bosque es siempre problemática. En determinadas épocas del año hay una continua corriente de aire. Esta corriente de aire es muy perjudicial para la abeja. En años de frío y humedad la colmena no es capaz de crecer y reproducirse plenamente y disminuye la producción; por otro lado, la continua corriente de aire hace que se pierdan más abejas de lo normal.

Si hemos elegido un claro en el bosque para la colmena nos arrepentiremos de ello, a más tardar cuando empiece la época de la enjambrazón. Si una colmena está aquí enjambrando, encontraremos con toda garantía el enjambre bien alto en los árboles. A menudo los enjambres se asientan al final de una rama, con lo que el apicultor no tiene apenas probabilidades de llegar al enjambre para poder recogerlo. En algunos casos se consigue atrapar el enjambre mediante un atrapa-enjambres montado en un palo largo. Pero con estas acrobacias, más de un apicultor se ha encontrado con un hueso roto en el suelo, así que resulta un enjambre doloroso. A menudo oímos también que los enjambres son atrapados por los más diferentes atrapa-enjambres. En el bosque, los atrapa-enjambres funcionan solo ocasionalmente y no tenemos que confiar en ellos. Si una colmena solo está rodeada de matorrales, tendremos seguramente éxito.

Si la instalación de la colmena ha de ser en una llanura, entonces escogemos un lugar donde haya un grupo de matorrales u hondonadas en las que la colmena quede protegida. Para defender a las abejas del sol y del viento plantaremos matorrales y árboles. Podemos también escoger plantas que sobrevuelen las abejas y que ofrezcan polen y néctar. Si el emplazamiento se va a encontrar en un valle por el que pasa un arroyo o un río, entonces es mejor poner la colmena algo arriba, en la ladera. Precisamente en los valles con ríos o arroyos se producen corrientes de aire que, como hemos dicho antes, es perjudicial para las abejas.

Si tenemos la posibilidad de poder observar durante todo un año dónde vamos a instalar el colmenar, evitaremos aquellos lugares donde se mantiene la niebla más de lo normal. Estos parajes suelen ser especialmente húmedos, lo que no es favorable para las abejas. La abeja agradecerá al apicultor si cerca del lugar donde vuela hay agua, ya que la colmena la necesita. Si cerca de la zona de vuelo no hay tales abrevaderos naturales, el apicultor tiene que instalar uno. Siempre tiene que cuidar que en primavera y en verano los abrevaderos contengan agua.

El abrevadero tiene que colocarse en un lateral de la colmena para que cuando salgan las abejas no vuelen por encima del abrevadero, ya que si no pronto se ensuciaría con las defecaciones. La abeja se lanza al abrevadero como a una planta con polen. Si durante mucho tiempo no tiene agua, busca un nuevo abrevadero. En primavera esto puede conllevar una mayor pérdida de abejas, cuando tienen que volar largas distancias y pasar por zonas frías que impiden la vuelta, enfriándose por el camino. La abeja no es tan exigente, no siempre necesita agua fresca. Normalmente prefiere el agua estancada.

Si la colmena va a estar cerca de una zona con ganado de pasto, es mejor que su zona de vuelo no se encuentre directamente frente a un prado de caballos. Las abejas y los caballos se llevan bien en general, pero el caballo tiene un olor muy fuerte que puede irritar a la abeja e incitarla a picar. Además ya ha sucedido a menudo que un enjambre cuya reina, que tiene las alas cortadas y no puede volar mucho, se posa en la hierba si un caballo u otro animal corre entre el enjambre, puede que le piquen de forma terrible y en el peor de los casos puede morir. La colmena tiene que estar apartada unos metros de la zona de pasto y de las praderas.

Siempre nos preguntan en qué dirección ha de emplazarse la salida de la colmena. Hay variadas opiniones.

Hacia el Oeste no dejamos volar las abejas, ya que es la dirección principal de la que vienen los cambios climatológicos y las piqueras quedan expuestas al viento y a la lluvia. Lo más agradable es poner la salida hacia el Sureste. Así el sol de la mañana no las incita a salir demasiado pronto; al mediodía el sol no da al frente de salida con lo que evitamos un sobrecalentamiento y ahorramos a la colmena una regulación excesiva de temperatura. Algunos apicultores montan la colmena con dos salidas. En la mayoría de los casos hacia el Norte y hacia el Sur. Emplazada de esta manera, tenemos que contar que la colmena del Norte estará en desventaja. Más adelante hablaremos de esto.

Si vamos a poner la colmena en el jardín, todas las medidas que hemos comentado son en este caso igual de válidas. Hay algo especial que queremos mencionar: a veces podemos montar la colmena en la pared de un edificio. Si esta pared diera hacia el Sur, puede producirse un montón de calor en invierno debido a los rayos del sol. Esto puede provocar que la colmena se revuelva. Por la noche hace frío y la colmena vuelve a contraerse. Estos cambios de frío y calor provocan intranquilidad, de tal manera que la colmena come más y no pasa el invierno como debe. Es importante que las oscilaciones de temperatura sean mínimas y se produzcan de manera lenta.

Para algunos apicultores, el emplazamiento de la colmena como tal no es lo decisivo sino que es otro factor. Para ellos es importante poner las colmenas sobre venas de agua. No vamos a dar una aclaración especifica de estas venas de agua, eso lo hacen ya los expertos, pero es cierto que las abejas se sienten muy bien sobre estas venas de agua y se desarrollan como una colmena fuerte y trabajadora. Tenemos que tener en cuenta sin embargo que las personas que están expuestas durante largo tiempo a estas venas de agua pueden ponerse enfermas. Si se trata de un apicultor profesional que está todos los días con sus abejas, esto puede significar para él un peligro para su salud.

DIFERENTES COLMENAS

Hasta ahora siempre hemos hablado de colmenas fijas o de colmenas cubiertas. Los que ya han visto muchas colmenas, saben que el colmenar cubierto no es imprescindiblemente necesario. El colmenar cubierto existe sobre todo en los países germanos. Las colmenas cubiertas más bonitas las encontramos en Suiza y Austria. Son puras obras de arte que muestran estar hechas con mucho cariño. En el curso de estas últimas décadas se ha producido un gran cambio. Las colmenas de abertura superior, especialmente los cajones, reemplazan cada vez más a las anticuadas colmenas de abertura anterior o por detrás. Esto facilita que cada vez más las colmenas se instalen en emplazamientos al aire libre.

En el emplazamiento libre ya no se necesita un colmenar cubierto, como mucho una centrifugadora para la extracción y un almacén para el depósito de material. Las colmenas se colocan individuales o en par sobre un soporte hecho de vigas de madera y se cubren con pequeños tejados. Estos pequeños tejados pueden estar construidos de tal manera que desempeñen dos funciones: son tapadera y tejado del cajón al mismo tiempo.

Aparte del colmenar cubierto y la colmena en emplazamiento libre, existen otras posibilidades para instalar las colmenas. Consiste en utilizar pequeños emplazamientos libres en los que se ponen juntas de 3 a 5 colmenas. El tejado que cubre el conjunto puede abrirse por arriba. La pared anterior puede también abrirse.

Este tipo de colmena se utiliza cada vez más, ya que en la mayoría de las regiones no necesita permiso de construcción, necesario para el colmenar cubierto. Otra razón es que estas pequeñas colmenas en emplazamientos libres son fáciles y baratas de fabricar. Las puede construir uno mismo con materiales sencillos.

Estos tres tipos de colmenas tienen ventajas y desventajas. Un colmenar cubierto se aprovecha al máximo si tiene colmenas de abertura anterior. Los cajones se pueden poner uno al lado del otro o apilándolos. De esta manera en una sola superficie pueden colocarse muchas colmenas. En el colmenar cubierto las abejas están más protegidas del clima. Se sufrirán menos picaduras si las ranuras de salida en el techo están en una buena disposición. Cuando el apicultor abre la puerta de la colmena solo salen abejas sueltas, que automáticamente buscan la luz. Si la ranura está colocada en la pared anterior, entonces el apicultor suele estar cortando el camino. La ranura en el tejado es más conveniente, ya que la abeja no tiene que rodear al apicultor al que, por otra parte, podría siempre picar. Otra ventaja del colmenar cubierto es tener lindante un cuarto para la extracción. Por otra parte, el apicultor puede vigilar la colmena continuamente. Esto es válido igualmente para el pequeño colmenar cubierto (de 3 a 5 colmenas), estando el apicultor al aire libre, con el tejado abierto o ante la pared trasera levantada. Esto tiene la ventaja de que cuando realiza una operación no se moja y las colmenas se quedan secas. En este caso suele haber pocas picaduras. Además que los emplazamientos libres son los menos complicados de construir.

En los emplazamientos libres, hay pocos materiales que comprar a parte de las vigas de madera, que hay que poner en el suelo, las colmenas pueden distribuirse en un gran espacio. No estamos forzosamente sujetos a un lugar como en el caso del colmenar cubierto. Los terrenos en pendiente presentan la ventaja de que no hay que hacer apenas trabajos de nivelación. El inconveniente es que cuando llueve solo se pueden llevar a cabo los trabajos a duras penas. No solo se moja el apicultor, sino también las abejas cuando abrimos la tapadera del cajón, a no ser que utilicemos un gran paraguas o algo parecido para poder llevar a cabo las operaciones cuando hace mal tiempo.

Para los emplazamientos libres, las colmenas con alzas es lo que ha dado mejores resultados. Las colmenas de abertura anterior no son en este caso apropiadas. El emplazamiento libre tiene una desventaja frente a las posibilidades antes mencionadas. El apicultor tiene que saber que sufrirá más picaduras. La explicación: el apicultor abre el cajón, las abejas se sienten perturbadas y algunas de ellas salen volando. Si una abeja vuela hacia arriba, la cabeza de la persona aparece como un agujero negro contra el sol. Ella vuela hacia esa cosa oscura que se mueve, choca y para defenderse pica. Esta reacción siempre la encontramos y la "sentimos" en los emplazamientos libres. En el caso del colmenar cubierto o del emplazamiento cubierto se da menos este caso, ya que al salir la abeja no encuentra el cielo abierto sino la casa o el tejado.

Ya hemos hablado de lo perjudicial que es la corriente de aire para las abejas. Cuando montamos el colmenar cubierto o el emplazamiento libre, nos enfrentamos con este problema. La casa o el emplazamiento libre se coloca sobre troncos o plataformas de cemento. De esta manera dejamos un espacio libre en la parte inferior que llega hasta el suelo, donde se provoca un efecto de "resaca" a la más mínima ráfaga de viento. Debajo del colmenar cubierto o del emplazamiento libre hay corrientes de aire. Si llegan algunas abejas volando con una carga completa de néctar y no alcanzan la tabla de entrada en el primer intento, entonces caen a la hierba delante de la casa. Aquí hay corriente y puede suceder que las abejas se enganchen. Esto podemos evitarlo si colocamos esterillas de caña desde la última tabla de vuelo al suelo. Estas esterillas de caña amortiguan por un lado la corriente y por el otro lado, permiten que las abejas puedan subir del suelo a la piquera. De esta manera podemos impedir que haya elevadas pérdidas de abejas pecoreadoras.

El apicultor de colmenas cajón con alzas acoplables podrá argumentar que en los años húmedos las abejas vuelven bien a las piqueras, pero también llegan los caracoles y las babosas. Tenemos que plantearnos sin embargo si es correcto colocar la abeja tan cerca del suelo, ya que la ponemos en un ambiente muy húmedo. Solo hace falta observar dónde aparece primero la humedad. Pronto veremos que es en la hierba. Es decir que la humedad se forma cerca del suelo, donde normalmente se encuentran las piqueras de la colmena del emplazamiento libre.

Este microclima que se crea cerca del suelo, en realidad no le conviene a la abeja. Aquí viven otros animales que no pueden vivir sin la humedad. Principalmente son los caracoles, las lombrices y los gusanos, que no soportan la sequedad.

La abeja prefiere otras regiones. Si observamos durante años los enjambres veremos que si existe la posibilidad, intentarán colgarse a unos metros del suelo. Aquí aprovechan la sombra del follaje para no tener que colgarse a pleno sol y evitar la insolación. Si tenemos la colmena en un huerto frutal, la mayor parte de los enjambres estarán de 2 a 4 m de altura en los árboles. Esta región parece más agradable que las zonas más inferiores.

En la antigüedad, los apicultores respetaban la necesidad de las abejas de no vivir tan cerca de la tierra. El apicultor cortaba una cavidad a unos 5 m de altura en el tronco del árbol elegido y esperaba hasta que el enjambre la ocupaba. Hoy se cuenta que el apicultor hacía la cavidad tan alta para evitar que los osos, que en aquella época había en centroeuropa, pudieran subir fácilmente a la colmena. Este argumento no es convincente, ya que el oso es un trepador tan excelente que para él no supone mucho esfuerzo subir 5 m. Él puede trepar mucho más alto, sobre todo si le espera una miel exquisita.

Colmenar cubierto con colmenas álbum. Varios cajones, unos sobre otros

Mi primer emplazamiento libre con diferentes colmenas rústicas

Emplazamiento con esterillas de caña. Impide las corrientes fuertes en el inferior y por tanto la pérdida de abejas

Colmenas verticales de un apicultor bio en emplazamiento libre

Los apicultores berlineses demostraron también, en su tiempo, que las abejas crecen especialmente bien a cierta distancia del suelo. Colocaban las colmenas debajo de los tejados de las casas o en los desvanes, dejando entrar a las abejas por los orificios que hacían en las tejas. Si tenemos la posibilidad de poner las abejas a una altura por encima del suelo, podremos disfrutar mejor las abejas. La colmena cajón se pone tan baja sobre el suelo para que el apicultor pueda acceder bien a las alzas superiores sin tener que subir a una escalera pequeña. Este tipo de colmena puede tener una altura de hasta un metro y medio. En los controles tenemos que trabajar con los brazos extendidos Si las ponemos más altas esto supondría una labor de gran esfuerzo y agotamiento.

Si queremos montar la colmena en un desván tenemos que tener en cuenta una serie de factores. El tejado no puede ser de chapa, ya que si no el calor que se acumula en verano debajo del tejado sería insoportable para las abejas. Recomendamos que independientemente de si el tejado es de chapa o teja, pongamos entre las viguetas un aislamiento de lana de vidrio, para mantener al mínimo los cambios de temperatura. Lo más importante es que sobre todo en invierno no se produzcan grandes cambios de temperatura en las colmenas, ya que esto sería muy perjudicial y las abejas sufrirían. En la naturaleza podemos buscar ese "efecto de altura" en pendientes y taludes. Montamos las colmenas muy cerca entre sí, entre medio metro y un metro en el borde del talud, de tal manera que se pueda uno desplazar a lo largo de las piqueras. El suelo cae en picada directamente de la colmena, por lo que no podrá formarse un ambiente demasiado húmedo.

EL HÁBITAT DE LA ABEJA

Bajo la denominación de "colmena" entendemos todas las envolturas que pueden rodear a una colonia de abejas. Actualmente hablamos en la mayoría de los casos de cuerpos de colmena o cajones. Si observamos los habitáculos de las abejas reconocemos varios tipos básicos, que al mismo tiempo pueden estar construidos de diferentes materiales. Normalmente distinguimos entre construcciones fijas y móviles. En las construcciones estables o fijas los panales no se pueden mover, están fijados a las paredes interiores de la colmena. A este grupo pertenecen las colmenas rústicas de paja trenzada o cestos y las hechas con troncos. Esta última construcción se deriva de la colmena primaria ahuecada en lo alto de un tronco de árbol. Las colmenas rústicas de paja o cestos tienen diferentes formas. Hay colmenas rústicas como las que tenemos en los antiguos colmenares, que se componían de dos espacios: un gran cesto inferior y un pequeño cesto que se montaba encima como un alza para la miel: la capucha de paja o sombrero. Este cesto podía usarse para todas las recolecciones. En contraposición tenemos las colmenas rústicas o cestos de Lüneburg. Son unas colmenas rústicas especiales que estaban concebidas para las recolecciones tardías de mielada de brezo en las landas.

Entre las colmenas rústicas hay un modelo que ni es una construcción estable ni móvil. Es una forma intermedia. Como principal representante tenemos al cesto Kanitz. Es una construcción creada por Kanitz, el denominado "click- clack" (soporte de colmenas). Se construyen unos listones indicadores entrelazados, a partir de los cuales las abejas montan sus panales. El "click-clack" está sujeto a la parte superior de la cesta y los panales quedan unidos a los laterales. Para poder sacar de la colmena el conjunto de panales adheridos al "click-clack", separamos los panales de la pared de la cesta con un cuchillo de colmena. No podemos decir entonces que se trata de una construcción estable o fija. Tampoco es una construcción móvil, ya que los panales no pueden sacarse individualmente.

La única colmena rústica o cesto de construcción móvil es la construida por Gravenhorst, el Gravenhorstsche Bogenstülper. Era un gran cesto cuyos cuadros estaban redondeados en la parte superior para poder encajar perfectamente en la cavidad del cesto. Al tratarse de una construcción bastante complicada, no ha tenido mucho éxito. Además en esa época ya había otros cestos móviles.

Frente a la construcción estable o fija tenemos la construcción móvil, es decir colmenas cuyos panales o cuadros pueden sacarse y meterse en cualquier momento. Esto es una construcción móvil de panales. Las colmenas que actualmente se utilizan, independientemente del tipo que sean, siempre tienen la construcción móvil de cuadros. También existen colmenas cajón que son el intermedio entre la construcción estable y la móvil. Es el caso de la colmena de varillas indicadoras de Johannes Dzierzon, que nos recuerda a los cajones de las colmenas de abertura anterior o trasera de hoy en día pero sin cuadros, sino solo con varillas o palitos de los que las abejas construían sus panales.

Cuando hablamos de construcción estable o construcción móvil, en el caso de la construcción estable pensamos primeramente en un cesto trenzado y en el caso de la construcción móvil, en cajones de madera. Si tenemos la posibilidad de visitar un museo de apicultura veremos que no se puede decir de manera general que las construcciones móviles solo son posibles en cajones de madera, es decir nos referimos a las construcciones de panales móviles, hechas en cuadros de madera. Existen colmenas cajón que tienen una estructura estable de madera sobre la que se montan las planchas de paja que serán las paredes de la colmena. Es decir que son colmenas de paja con panales móviles. Un gran representante de esta construcción es Dathe-Dreietager y Preuss-Viertager. Más tarde se utilizó también la paja en las colmenas cajón con alzas acoplables.

LOS MATERIALES DE CONSTRUCCIÓN PARA EL CAJÓN

El que quiera construirse su propia colmena se enfrentará al dilema de la diversidad de materiales. Como materiales básicos tenemos la paja, la madera y materiales sintéticos. Si elegimos paja escogeremos paja de centeno, que ha de ser de centeno largo. No puede haber pasado por la segadora-trilladora, tiene que ser cortada por un agavillador o a mano con guadaña. La paja totalmente aplastada o machacada no se puede trabajar bien. Cuando los tallos de la paja están aplastados ya no existe espacio hueco en su interior. El resultado es que el equilibrio de temperatura ya no puede ser tan armonioso, ya que el efecto de amortiguación de los espacios huecos no existe. Resulta también eficaz si la paja de centeno proviene de una tierra que contiene silicio. Se ha demostrado que si el nivel de silicio de la paja es alto la duración del cesto o cajón es mucho mayor. Los otros tipos de pajas no son tan convenientes. La paja de cebada y avena es demasiado tierna por lo que las abejas acabarían mordiéndola y de los tallos de paja quedarían tan solo restos de fibras.

La elección de la madera adecuada que agrade a la colmena no es fácil. Antiguamente los apicultores hacían cavidades en los troncos de los pinos que servían luego como colmena. Si queremos utilizar madera corriente de pino para las colmenas, como la que se encuentra en las serrerías, observaremos que es bastante pesada. El contenido de resina es muy alto. La colmena ha de ser concebida de tal manera que su construcción sea manejable y ligera. Teniendo esto en cuenta recomendamos madera de pino de Weymuth, tilo, sauce, abeto, picea y pino ligero. Hemos de evitar las maderas duras. La madera tiene que haber estado almacenada unos años para que esté realmente seca. En la apicultura es muy desagradable trabajar con colmenas o cajones que se deforman o cuya madera se encoge, apareciendo aberturas en las paredes laterales. Las abejas van a cerrar estos orificios, pero no es lo ideal.

Si compramos madera ya cortada nunca ha de ser madera tratada anteriormente con productos protectores de madera. Podría suceder que no construimos una colmena sino un ataúd de abejas, ya que las abejas no soportan ni sobreviven a los productos protectores de la madera, al igual que los gusanos de madera.

Vivimos en tiempos modernos y algunos querrán construir cajones con materiales nuevos y simples. Nos referimos a los tableros de viruta, tableros de madera, madera contrachapada y aglomerados. Todo este tipo de material no debería utilizarse, no es el adecuado. Los aglomerantes utilizados impiden la capacidad de respiración del material y crean una desagradable y continua humedad en los cajones. A las abejas tampoco les gusta este material.

Entre los materiales modernos los más adecuados son el plástico y el aluminio. Es una decisión individual si queremos ofrecer a las abejas un cobijo de plástico. Las opiniones sobre este material lógicamente difieren mucho.

DIFERENTES TIPOS DE COLMENAS

El árbol colmena - La colmena o cajón en el tronco.

La cavidad de la colmena estaba trabajada en el tronco de un árbol vivo, a unos 5 m por encima del suelo. La característica de esta cavidad era que tenía 1,20 m. de alto y 0,80 m. de profundidad. La colmena no solo vivía las temperaturas a lo largo del año sino también el proceso de subida y bajada de la savia de la corteza viva donde se encontraba. Las colmenas-tronco que derivaron de esta forma conservaron la forma, pero no podían transmitir a la colmena la experiencia de vivir en una envoltura viva. Las colmenas-tronco fueron sustituidas pronto por diferentes tipos de colmenas rústicas o cestos.

Cesto de varillas.

Este cesto se fabricó de un abeto del Norte. Las ramas se arquearon para formar una campana en la que se trenzaron ramas de sauce o corteza de tilo. Este entramado se embadurnaba con la mezcla de barro y estiércol de vaca. Este tipo de cesto se utilizó en el Sur de Europa. Para las regiones del Norte era demasiado permeable al frío.

Cesto de Lüneburger.

El cesto de Lüneburger es un cesto especial. Está concebido para la cosecha tardía de los prados. Las piqueras se sitúan en el tercio superior. La altura interior mide aproximadamente 37 cm, el diámetro es de 30 cm. El grueso de las paredes es de 6 cm. Para ampliar el espacio interior se colocan en la parte inferior unos anillos de mimbre. El cesto dispone de unos palitos de madera de rosal que sujetan el panal. La protección ante los cambios climáticos se asegura con un colmenar cubierto, en el que las filas de los cestos se disponen sobre dos estanterías teniendo la parte de atrás cerrada. Los cestos se cuidan y se controlan del lado de las piqueras.

Diferentes cestos de apicultores rurales

Estos cestos se suelen componer de uno grande en el que se coloca la carrocha o cámara de cría y un pequeño cesto, que sirve de recipiente para la miel. Suelen estar divididos en cruz con palitos. Todos los años en Pascua se recogía una cuarta parte de miel de todos los panales. De esta manera cada cuatro años el panal se renovaba completamente. No podía producirse un envejecimiento. En verano solo se tomaba la miel que las abejas habían almacenado en la capucha de paja o sombrero, colocado en la parte superior. En la parte inferior se cosechaban los eventuales restos de miel contenidos en la cuarta parte retirada.

Estos cestos eran bastante más finos que los cestos de Lüneburger. Como protección ante el calor y el clima, se colocaba una especie de caperuza que se construía con un trenzado de paja. Estos cestos se encontraban a menudo en colmenares cubiertos de las praderas, en emplazamientos libres o sobre estanterías en un cobertizo. Aquí encontraban protección ante el viento y el tiempo.

Cesto colmena de Lüneburg con anillo de sujerción. Al lado el pequeño pote.

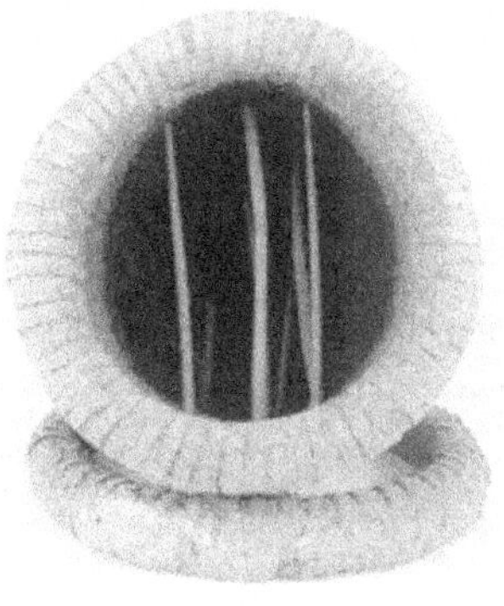

Cesto colmena de Lüneburg sujeto por palitos de madera de rosal.

Cesto en forma de tronco de Hessen. Esta forma representa el típico cesto para la captura de enjambres.

Cesto tronco de Hessen con capucha de paja. Servía como cavidad para guardar la miel.

Colmenar cubierto de G. Klindworth con cestos de Lüneburg. Es época de enjambre. Los enjambres se capturan con un caza-enjambres, que se tensa delante de las piqueras cuando el apiculor escucha que la colmena quiere enjambrar

Cesto tronco de Hessen con palitos en cruz. En la corona de madera, en el borde inferior del cesto se puede observar la piquera

Emplazamiento libre con tambores de Thüringen. Al lado figuras de madera ocupadas por las colmenas

Cobertizo con cestos

Cilindro de Thüringen. Observamos claramente su forma cónica

Cestos cilíndricos de Thüringen

El cilindro de Thüringen es un tubo trenzado de paja, que en un principio tenía la forma cónica. Era muy grande y se colocaba en una especie de colmenar cubierto que a su vez era como un emplazamiento libre. La altura interior era por una lado de 34 cm y por el otro de 39 cm. Su longitud era entre 70 y 90 cm. Estos tubos se cerraban con una tapadera de paja, en la que se encontraba la piquera. El manejo también era sencillo. En Pascua, se descubría la parte trasera de los panales de cera hasta la carrocha. Se giraba entonces el cilindro y la parte vaciada se encontraba entonces en la parte delantera. Ya que la colmena colocaba el nido de crías cerca de la piquera, este espacio vacío se ampliaba rápidamente con un nuevo nido de crías. De esta manera, en la colmena se construían regularmente panales.

A menudo se nos consulta por el uso de cestos que puede realizarse en la actualidad. Al respecto, vamos a presentar el cesto de Kanitz. Es interesante, ya que sobre el cesto puede colocarse un alza de cuadros móviles. Esto tiene la ventaja de que las abejas almacenan la miel en panales que luego pueden centrifugarse. Esto es prácticamente imposible en los panales recortados de los cestos de construcción estable o fija. Este cesto ofrece algunas características ideales: Por un lado la construcción móvil en la cavidad de miel permite una cosecha simple y por otra parte permite la construcción estable en la zona de crías, es decir la abeja puede construir de forma natural en la zona de crías, por lo que no se las tiene que obligar a adaptarse a una hoja de cera estampada. Para la abeja seguramente es más agradable.

Al principio, en el capítulo sobre el hábitat de la abeja, mencionamos al cesto de Kanitz como modelo intermedio entre la construcción móvil y estable. Tiene el sobrenombre de "click-clack". Debido a la forma del cesto y a este "soporta panales" (el click-clack), tenemos la posibilidad de cambiar cada espacio para sacar todo el panal de un espacio, impidiendo un envejecimiento de los panales. El cesto se compone de dos coronas de paja. Una corona tiene 21 cm de alto y un diámetro de 32 cm. El grosor de la pared es de 6 cm. Las coronas se trenzan a mano o se cosen en una prensa que da la forma. Esto último era la excepción. Un cesto se componía de dos coronas, con un click-clack y una tapadera redonda. La tapadera y las coronas se unían mediante pinzas metálicas, de tal manera que no podían resbalar cuando se caminaba con los cestos o cuando se quería realizar un control y había que poner los cestos al revés.

Se puede retirar la tapadera y poner en su lugar una lámina de madera, en la que se dispone una rejilla (con pestillo) sobre la que se puede colocar un alza con cuadros móviles. Este recinto también se llama cerco. Este cerco sirve de almacén de miel, que no es accesible a la reina ya que tiene la rejilla. Con este tipo de cesto surge la pregunta sobre el enjambre, ya que una colmena que impida la enjambrazón es casi imposible en un cesto, aun cuando se pueda ensanchar. Las coronas de paja son estables, pero no tan estables como los cajones de madera o los cercos de madera. El peso sobre la corona inferior sería demasiado si quisiéramos aumentar con una tercera o cuarta corona de paja en el espacio interior. El manejo de los cestos en columna sería casi imposible.

Si tenemos la posibilidad de trabajar enjambres y queremos ofrecer a la abeja una construcción natural y un cobijo sano, el cesto de Kanitz es ideal. Merece la pena estudiar antiguas formas de enjambrazón para no cometer muchos errores. La práctica de la enjambrazón tiene éxito si el enjambre se realiza en el momento oportuno. Para conseguir esto hemos de aprender las maniobras de los viejos apicultores de cesto. Si no estamos dispuestos a ello no podremos disfrutar del método con el cesto, ya que el manejo moderno de las colmenas no puede traspasarse al método con el cesto.

El cesto de Kanitz se disponía en un emplazamiento libre, sobre un tablón de madera. Para proteger el cesto del clima se colocaba un pequeño tejado sobre cada cesto. En algunos lugares los apicultores colocaban una caperuza de paja. En invierno se ponía como base una corona de polo cuatro veces más alta y estaba rellena de granzas de cereales. El día del vuelo de limpieza, se cuidaba que las piqueras estuvieran libres y fueran de fácil acceso. Se recortaba la caperuza de paja sobre la piquera. Después el apicultor retiraba parte de las granzas con las abejas muertas de la corona inferior. Esta corona se dejaba debajo hasta que las abejas empezaban a sacar las granzas para tener más sitio. Este era el momento para echar un vistazo a la colmena. Se recortaban los laterales que habían sido construidos para los zánganos. De esta manera la colmena podía seguir construyendo. Durante estos trabajos se comprobaba la reserva de alimentos que tenía la colmena. Si había necesidad, se ponía un recipiente de barro con miel o candí. En la tapadera del cesto se hacía un canillero sobre el que se ponía el recipiente de barro con el alimento. En primavera nunca se alimentaba líquido.

Cuando empezaba la época de recolección, se comprobaba con atención cuándo había que poner el alza para la miel. Todo depende de que aprovechemos el momento oportuno. Si se ponía demasiado pronto el recinto de miel, el enorme crecimiento de la colmena suponía un problema. Si se ponía el recinto de miel demasiado tarde, la enjambrazón se producía demasiado pronto.

El momento oportuno era cuando al anochecer las abejas ocupaban en masa la piquera y el canillero en la tapadera se había desmontado. Se retiraba entonces la tapadera para poner una placa de madera provista de una rejilla para reina, así como el alza. Con el fin de evitar corrientes entre la corona del cesto y el entresuelo, se aislaba perfectamente el paso con barro y un paño de lino de 3 a 5 cm de ancho. Este paño se colocaba sobre las ranuras de unión o bien de los dos cestos colindantes o, como en el caso del cesto de Kanitz, en las ranuras que unían el cesto y el alza de madera. También se utilizó en otro tipo de colmenas de cesto.

Cuando ya ha empezado la recolección y está colocado el recinto de miel, pronto empieza la enjambrazón. En el caso del Kanitz, el enjambre da la mayor cantidad de miel. El enjambre debería ser tan fuerte que debería llenar dos tercios del cesto. El cesto disponía de tiras de construcción u hojas de cera. Si el cesto tenía hojas de cera se colocaba una corona vacía en la parte baja, de esta manera el enjambre podía colgar libre antes de ocupar los espacios entre las paredes.

Si el enjambre no era fuerte, entonces se unía a otro enjambre. Para este fin se valía del olor de la tierra. La unión de colmenas solo es posible entre aquellas que tengan el mismo olor. Para ello, se cavaba un agujero de la profundidad de una pala y al anochecer se soltaba en él el enjambre más pequeño que debía integrarse en otro. El otro enjambre permanecía en el cesto y se colocaba encima del agujero. Las abejas en el agujero toman el olor de la tierra. El enjambre que está en el cesto se deja envolver también por este olor a tierra. Durante la noche se produce una buena unión. A la mañana siguiente encontraremos una abeja reina entre las pocas abejas muertas. Esto es correcto, ya que si los enjambres se unen solo pueden quedarse con una reina. La decisión se deja a las mismas reinas que lucharán, sobreviviendo la más fuerte y hábil.

Cuando el enjambre ya ha finalizado el vuelo, se dice entonces que el enjambre ha caído. En este momento se realiza una maniobra especial. El primer enjambre es por regla general el mayor. Tiene la reina anciana. Se llama el enjambre primario. Este enjambre primario ha de manipularse de la manera siguiente: después de haberlo recogido en un cesto, lo depositamos en el lugar de la colonia de donde ha salido, la cual es desplazada lateralmente (puede consultar sobre el cuidado y tratamiento de los enjambres en el capítulo Multiplicación y rejuvenecimiento de las colmenas). Aquí se encuentra la colmena madre, que en este momento retiramos a un lado. Giramos el cesto con el orificio de la piquera hacia un lado, ya que el enjambre necesita de cierta calma cuando está construyendo los panales y de esta manera las abejas que llegan no atascan la entrada, sino que tienen que desplazarse primero por el cesto antes de llegar a la piquera. Las abejas que llegan en estos momentos y que pertenecen a la otra colmena se integran perfectamente al enjambre.

Este método se llama enjambre primario sobre colmena madre. Cuando la colmena ya haya enjambrado, pasados 3 o 4 días, se la lleva a otro lugar. Con las abejas de la colmena madre que aumentan la población del enjambre, éste se vuelve tan fuerte que después de pocos días se puede poner el alza y el recinto de miel ya está listo. Si no sabemos de qué colmena salió el enjambre, espolvoreamos con harina las abejas que quedaron atrás al fijar el enjambre a un árbol o al capturarlo con un atrapa-enjambres. Esperamos hasta que vuelvan a la colmena de la que salieron para enjambrar. Se las reconoce perfectamente por su revestimiento blanco de harina.

Para facilitar la recuperación del enjambre se utilizaba un cebo o un atrapa-enjambres. Éste se fabricaba a partir de una pieza de corteza de roble de unos 30 a 20 cm, en la que se introducía una madera redonda con un gancho, de tal manera que el cebo se enganche bien. Se buscaba un lugar para colgarlo en el que anteriormente ya se habían puesto enjambres, pues en ese lugar el cebo tenía las mayores probabilidades de éxito.

En el caso de que cerca de la colmena no hubiera ningún árbol o matorral alto para poder colgar el cebo, entonces se colocaba un trípode con tres listones de 3 m de largo. En la punta de este trípode se puede colgar el cebo. Para tener un poco de sombra se colocaba en la punta del trípode una caperuza de paja de unos 80 cm de altura. Si se asentaba allí un enjambre no tenía que estar colgado a pleno sol, lo que generalmente provocaba que el enjambre abandonara el lugar.

La colmena madre que había enjambrado permanecía 25 días en tranquilidad. Después se hacía un control de las crías. Durante esos 25 días, la reina joven debía haber realizado su vuelo nupcial y estar fecundada. Esto quedaba garantizado cuando había nuevas crías: huevos, larvas y crías en sus envolturas. Si después de este tiempo no había crías nuevas, entonces se colocaba en un panal de la colmena enjambrada una prueba de abeja reina; esto era un pequeño trozo de panal con jóvenes larvas procedentes del enjambre primario. El apicultor con experiencia podía ver, como muy tarde al día siguiente, si las abejas querían criar reinas de las larvas o no. Si la joven reina ya no estaba, las abejas habían aceptado la prueba de la abeja reina es decir, van a criar reinas de las larvas pues la colonia estaba huérfana. Entonces el apicultor retiraba la prueba de la abeja reina, quitaba el trozo de panal añadido y el alza de madera con la rejilla y reunía las colonias. Se ponía encima de la corona superior una lámina de papel que no podía ser más gruesa que papel de periódico. En esta lámina se hacían unos 10 o 20 agujeros con una aguja o con un lápiz. Encima de este papel agujereado se colocaba una colmena de reserva. A través de los orificios en el papel se producía un intercambio de olores, lo que llevaba a una buena unión de colmenas. Las abejas agujereaban cada vez más el papel y la colmena de reserva y la colmena enjambrada se unían.

Una vez terminada la enjambrazón, acababa la época de mayor trabajo. Ahora los trabajos se limitan principalmente a controles de miel y alimento. Ya no se contaba con una carga de miel, ya que empezaba el "otoño" de las abejas. Se cuidaban los panales y la calidad de la reina. El apicultor unía a las colmenas que no le gustaban con otras colmenas de reserva, bien por el método de papel arriba descripto o por el método del agujero en la tierra, del que ya hemos hablado. La alimentación empezaba a finales de agosto, principios de septiembre, a través del canillero de la piquera con un "balón" de Thüringen.

Cesto de Kanitz con recinto de miel de madera. El cesto está hecho a mano

Cesto de Kanitz con piquera y comedero de madera. Con este modelo siempre había que tener cuidado, ya que era muy fácil robar

Cesto arca de Gravenhorst

Como ya comentamos al principio, el cesto arca de Gravenhorst tenía una construcción móvil. Era un cesto relativamente grande y se le trenzaba con un soporte de alambre, teniendo en cuenta la precisión que exigía. Para poder aprovechar al máximo el cesto, había varias pi-

Sujeta panales "click-clack" con guías para las paredes medianas. En la foto está cerrado. Mediante presión diagonal se abre

Cerco de cesto de Kanitz cosido en la prensa de moldeo, con recinto de paja para la miel.

Click-clack abierto.

Prensa de moldeo de madera para cestos deKanitz

queras que dependiendo de la actividad se abrían o cerraban. Su capacidad era de 58 cm de anchura, 20 cm de profundidad y 43 cm de altura. El grueso de la pared era de unos 6 cm. La construcción del cesto y la fijación de los cuadros permitían la trashumancia.

Pequeño cesto de caperuza de arco con solo una piquera

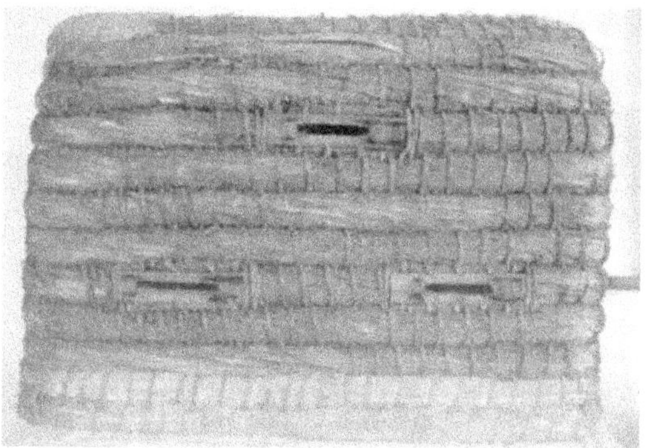

Cesto de caperuza de arco grande con tres piqueras

COLMENAS DE ABERTURA ANTERIOR

Los cestos son construcciones que generalmente hay que invertir cuando hacemos un control. Las colmenas de abertura anterior son construcciones que son accesibles por una puertecita o una trampilla sobre el tabique trasero. Distinguimos dos grupos esenciales. En el primero se agrupan los modelos cargados por la parte anterior. En este modelo, al abrirlo, vemos toda la superficie del último panal. Los panales están dispuestos según la construcción caliente. Este calificativo tiene un origen: la piquera está colocada en la parte posterior del cajón. Los panales se encuentran o cuelgan en paralelo con respecto a la piquera. Si entra viento por la piquera, el primer panal lo para. Los panales que cuelgan detrás no sufren por la corriente de aire.

El segundo modelo es la colmena álbum o de hojas. Cuando lo abrimos vemos los cuadros de perfil, dispuestos uno tras otro. También se llama construcción fría. En este caso, los panales se encuentran a lo largo en dirección hacia la piquera. Cuando hay viento puede formarse sin impedimento una corriente de aire entre las calles de los panales. Si nos preguntamos cuál de las dos disposiciones de los panales es la más adecuada, no puede darse una respuesta satisfactoria. Los cajones de construcción caliente o fría tienen ventajas y desventajas para los trabajos del apicultor. Las diferencias son solamente de naturaleza técnica. Hasta hoy día no sabemos con total seguridad si las abejas prefieren una construcción fría o caliente. Cuando entre los apicultores este tema se convirtió en discusión, se hicieron ensayos con múltiples enjambres. Los resultados de estos ensayos echaron por tierra más de una opinión tradicional de apicultura, ya que cada enjambre

ordenó su panal de manera diferente. La abeja no dispone
los panales generalmente en una determinada dirección
hacia la piquera cuando los construye libremente.

*Ventajas e inconvenientes de las colmenas
de abertura anterior o manipuladas por detrás.*

No es sencillo constatar las ventajas y los inconvenientes
de las colmenas que están reconocidas y aceptadas por la
mayoría de los apicultores. Precisamente con los cajones
hemos constatado siempre que cada apicultor piensa de
manera diferente sobre las ventajas e inconvenientes de lo
que suponemos en general. El apicultor que aprecia su trabajo construye su propia cajonera, a ser posible adaptada
al tamaño de sus panales. Esta es la razón por la que hay
muy diferentes cajones y tamaños de panales, que son óp-
timos para un apicultor y absurdos para otro. Podemos
tener la impresión de que lo que para uno se considera
una ventaja, para otro es un inconveniente. En la descrip-
ción de los cajones no hablamos básicamente de las ventajas e inconvenientes, sino de las diferencias específicas.
Cada uno puede libremente juzgar lo que le parece mejor.

Cajón con abertura anterior

En el grupo de cajones de abertura anterior, en los que se
puede ver toda la superficie de los panales cuando los
abrimos, tenemos diferentes clases. Hay cajones de abertura anterior en los que los cuadros están colgados de una
ranura por una espiga o espaldón. Cada panal o cuadro
puede extraerse individualmente con un alicate de panales. Si queremos tomar el panal de adelante, el frontal, tenemos que sacar individualmente todos los otros panales.

Necesitamos mucho tiempo con los controles de la colmena. Si solo tenemos que controlar el último panal, no molestamos apenas a las abejas de los primeros panales.

Con el fin de disminuir el tiempo de trabajo se han buscado diferentes posibilidades, así se puede extraer toda la construcción de panales mediante un dispositivo de extracción. Se utiliza un mecanismo de raíles sobre el que cuelgan los panales. Si sacamos del cajón el marco de los raíles, volvemos accesibles todos los cuadros de un compartimento. Podemos sacar cada cuadro hacia arriba. Estos cajones son interesantes para los apicultores que trabajan en una colmena cubierta y que no pueden levantar los elementos de la colmena con frecuencia pesados, como es el caso de las colmenas con alzas. Estas colmenas con raíles tienen hasta cuatro compartimentos superpuestos. Se pueden incluso superponer dos filas si el colmenar cubierto es bastante espacioso.

Las colmenas cargadas por detrás o de abertura anterior son unos modelos que exigen mucho tiempo, son apilables y en su versión de cajones con raíl permiten una forma de trabajo moderna y racional. En general no se pueden agrandar y ampliar de manera ilimitada, debido a su propia construcción. Esta construcción se adapta al colmenar cubierto.

Como solución intermedia entre la construcción caliente y fría y también entre la colmena de abertura anterior y la colmena álbum tenemos el Kuntzschzwilling. Este es un cajón grande y doble para dos colonias. Es decir, la construcción del cajón es grande, ampliándose a los lados y encima, de tal manera que pueden convivir dos colonias. Kuntzsch fabricó en el espacio del pollo o carrocha los panales en construcción fría; en el espacio destinado a la miel se encuentran los panales en construcción caliente. Para la instalación de la construcción fría utilizó una corredera de panales. Es una estructura sobre la que se colocan los panales o cuadros y sin ninguna dificultad pueden meterse o sacarse los panales. Quien se interese por esta práctica, puede consultar en la literatura sobre Kuntzsch, quien además utilizaba un método, que de forma diferente se utiliza en parte actualmente por el apicultor de colmenas con alza. Dejaba invernar a la colmena en el espacio destinado a la miel. Las abejas subían por el panal de escalada. Los cajones de extracción de tres y cuatro pisos son cajones que se colocan debajo de la caja de la colmena de abertura anterior. Su manejo para el apicultor es fácil.

La Kuntzsch zwillinge era un cajón de cuatro a seis pisos. Kuntzsch fue uno de los primeros que descubrió que las abejas pasan el invierno mejor en el piso de miel que en el de pollo, que se encuentra más abajo. Utilizaba los panales del pequeño compartimiento del pollo como panales de escalada, por lo que las abejas podían acceder al piso de miel para invernar

El Dahte de tres pisos es uno de los primeros cajones de varios pisos de paja. Esta construcción es sólida, ya que tiene una armadura de madera

La torre de tres pisos Dahte es uno de los primeros cajones de varios pisos de paja. Es una construcción totalmente sólida para las abejas, ya que tiene una estructura de madera

La colmena álbum o de hojas

Como segundo grupo de las colmenas de abertura anterior tenemos la colmena álbum o de hojas. En este tipo de colmenas los panales se pasan como las hojas de un libro. Si abrimos una colmena álbum entra luz en todas las calles. En realidad se perturba a toda la colonia. Debido al orden de los panales es muy fácil hacer los controles. Si las colonias son muy densas necesitamos tiempo al volver a colocar cada panal en su sitio, ya que si no entre el marco lateral y la pared frontal podemos aplastar algunas abejas. Los pisos de hojas suelen tener de dos a tres espacios. El lugar del pollo está dividido en parte en un compartimiento central y otro lateral en el que puede ponerse un pequeño acodo.

En la colmena álbum tenemos cajones apilables cuyo espacio no puede ni ampliarse ni aumentarse, pero con los que el cuidado de las abejas es fácil. Es un cajón que se coloca dentro de la colmena. En el caso de las colmenas de abertura anterior contamos con que se disponen muchas unas junto a otras y algunas unas encima de otras. Esta es la razón por las que se construyen con una sola pared. Solo el lado frontal tiene la pared doble, para evitar que los climas extremos, como las heladas, el sol y el calor, puedan provocar oscilaciones rápidas de temperatura que sean perjudiciales para la colonia. Estos cajones están concebidos para colonias fijas no para las nómadas, aunque esto sea también posible.

Una posible modernización de la colmena álbum es el carro de panales, como ya hemos visto en el caso de

Kuntzsch. Este sistema facilita el trabajo el apicultor.

La colmenas de abertura anterior presentan una dificultad.

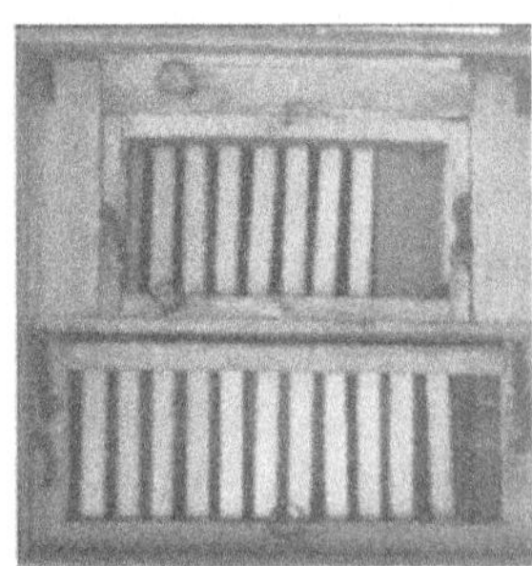

En los años de mucha producción de miel puede suceder que tanto en la cámara de cría como en el alza, las abejas construyen entre los cuadros de los que cuelgan los panales y las paredes de la caja. Las abejas aprovechan el espacio necesario que hay entre los cuadros de madera y la caja con el fin de construir celdillas para depositar miel. Estos panales fijos no pueden extraerse tirando o presionando, sino que hay que cortarlos. De esta manera corre la miel almacenada en las celdillas, con lo cual todo se llena de miel. Con esta operación podemos dañar muchas abejas, lo que puede provocar un gran número de picotazos si no cortamos con cuidado estos panales.

COLMENA DE ABERTURA SUPERIOR

En el caso de las colmenas de abertura superior todas las operaciones se realizan desde la parte superior. Disponen de unas tapaderas o cubre-cuadros que pueden retirarse o abrirse. Este tipo de colmenas generalmente son herméticas en sus paredes laterales. Algunas construcciones antiguas, como la colmena de Gerstung, en la cámara de cría tenía una puertecita, de tal manera que se podía hacer controles como en las colmenas de abertura anterior. Este tipo de colmenas de abertura superior se utilizan puntualmente pero no llegan a extenderse. Su construcción es demasiado cara. La puerta que hay en la cámara de cría supone para los cajones un punto débil en cuanto al mantenimiento del calor en la colmena. Las colmenas de abertura superior pueden usarse tanto en los colmenares cubiertos como en los emplazamientos libres. Los colmenares cubiertos no son el lugar ideal, ya que no pueden apilarse los cajones como es en el caso de las colmenas de abertura anterior.

Su uso más extendido es en los emplazamientos libres o como única colmena en un espacio libre. Precisamente en estos últimos años han aparecido muchos nuevos modelos de colmenas de abertura superior, que con nuevos trucos técnicos facilitan el trabajo del apicultor. Esto sin embargo puede convertirse en un inconveniente, como hemos constatado a menudo. En todos los tipos de colmenas, siempre comprobamos que cuanto más simples están construidas tanto mayor será su rendimiento y nuestro entusiasmo por ellas. Algunos constructores de colmenas olvidan que durante el año siempre aparecen cambios de temperatura y humedad en los cajones y algunos dispositivos técnicos milagrosos, en el momento preciso se convierten en un impedimento.

Las colmenas de abertura superior se dividen fundamentalmente en dos tipos. Estos son las colmenas compuestas de alzas o colmenas divisibles y las colmenas de cuerpos de abertura superior.

Colmenas de cuerpos de abertura superior

Los cajones de abertura superior se caracterizan por el hecho de que la tabla del suelo, es decir el suelo del cajón, está fijado a la pared de la cámara de cría. Esto significa que la cámara de cría siempre cumple la función de cámara de cría y no de alza sobre otra colmena.

Entre las colmenas de abertura superior hay también diferentes modelos, que se diferencian por el número de panales que pueden colocarse en la cámara de cría. En las antiguas colmenas de abertura superior, la cámara de cría tiene un espacio parecido al del alza. En la cámara de cría suele haber espacio para dos panales más que en el alza. Entre las colmenas de abertura superior de hoy en día, la más extendida es el "cajón artesa o almacén". Son colmenas de abertura superior en las que en la cámara de cría encontramos hasta 20 panales dispuestos a lo largo. En el alza de estas colmenas hay cabida para unos 10 o 12 panales. En estos cajones, la cámara de cría, dependiendo de la fuerza de la colmena puede ampliarse o extenderse. En las antiguas colmenas de abertura superior esto no era posible.

En estos antiguos modelos, cuando la cámara de cría se hacía pequeña, había que colocar una segunda alza a modo de cámara de cría. Esto ocurría en aquel entonces muy raramente, ya que las colmenas de entonces no eran tan grandes como son las de hoy en día. Una gran parte de las abejas de la actualidad han sido criadas para grandes cajones, pudiendo ocupar espacios que antiguamente las abejas no podían llenar. Por esta razón las antiguas colmenas de abertura superior van siendo sustituidas por las "colmenas almacén", con las que es más fácil operar con las abejas de la actualidad.

Cuando en las antiguas colmenas de abertura superior se quería hacer un control de la cámara de cría, teníamos que retirar casi siempre el alza para miel. Si solo queríamos comprobar los panales anteriores o el cuadro, podía realizarse a través de la puerta de la cámara de cría que hemos mencionado antes. En las colmenas almacén, durante la mayoría de los controles el alza puede permanecer en su sitio o solo es necesario bascularla hacia adelante para poder acceder a los panales posteriores. Para que pueda mantenerse en esta posición basculada hay que poner un trozo de madera o algo parecido. En general podemos afirmar que el apicultor requiere bastante menos fuerza con las colmenas almacén, que con las antiguas colmenas de abertura superior.

En los primeros años que empezó a extenderse la colmena almacén se pensó igual que con las colmenas álbum o de hojas, es decir aprovechar la cámara de cría más grande para poder invernar con una colmena y media, es decir con una colmena productora y un joven enjambre. Para este fin se necesitaban dos piqueras, por lo que se construyeron unas bases dobles con unos canales de vuelo. Después de algunos años se pudo comprobar que este método no presentaba ventajas sino más bien inconvenientes, por lo que en general se dejó la idea de invernar con una colmena y media. Se pudo comprobar que para la colmena y el enjambre era mucho mejor si se mantenían cada una en un cajón.

Cajón de paja con balcón que también puede usarse como paseo de ventilación. La cámara de cría está recubierta con maderas. Hoy en día, el orificio de la piquera debe abarcar todo el ancho del cajón y quedar sujeto por cuñas

Emplazamiento aislado con 30 cajones almacén. Este tamaño solo tiene sentido si la oferta para la recolección es suficientemente grande

Las antiguas colmenas de abertura superior son apropiadas también para el emplazamiento libre ya que para cada cajón puede utilizarse un pequeño tejado. La colmena almacén es menos indicada para ello, ya que ofrece la desventaja de que es bastante más grande y necesita un tejado mayor, lo que ya no es tan fácil de levantar, a no ser que utilicemos algún sistema para volcar fácilmente el tejado. Teniendo en cuenta esta complicación, es más conveniente montar un colmenar cubierto para tres o cinco colmenas.

El antiguo colmenar de abertura superior es más pequeño que la colmena almacén, solo puede ampliarse hacia arriba y generalmente hay que quitar el alza cuando hacemos un control.

La colmena almacén puede ampliarse hacia atrás en la cámara de cría. También puede hacerlo hacia arriba, pero adquirirá una forma bastante asimétrica. Los controles son más fáciles, ya que no hay que retirar cada vez el alza. Para la trashumancia es más manejable la colmena de abertura superior con alza que la colmena almacén. Los apicultores que tengan problemas de espalda tienen que probar si pueden tomar el alza de la colmena almacén con los brazos extendidos, ya que los dolores de espalda que se sienten le quitan a uno la ilusión con este colmenar.

Todas las colmenas de abertura superior se caracterizan por el alza que se compone de dos cercos, de los que cuelgan dos medios panales uno sobre otro, o bien un panal completo. Estos medios panales tienen la ventaja de que permiten recoger y utilizar más fácilmente las pequeñas cosechas que los panales completos, como por ejemplo la pequeña cosecha de principio de primavera. Esto es fácil de imaginar. Si la colmena recolecta una cosecha de 15 libras de miel de las flores de diente de león y de árboles frutales y las distribuye en 10 panales completos, no alcanzan a rellenar todas las celdas para poder opercularlas. Si utilizamos sin embargo dos medios cuadros en el alza, estas 15 libras de miel se repartirían en 10 medios panales. Esto es suficiente para que la mitad de los panales puedan ser operculados y cosechados. En los últimos años algunos apicultores han usado panales gruesos en vez de medios panales. El panal grueso es más ancho que un panal normal de cámara de cría. Se tenía la esperanza que si se retiraba la rejilla entre la cámara de cría y la cámara para la miel sobrante, la reina no pondría huevos debido a las celdas más profundas. Se ha demostrado que es algo inseguro. Si la colmena tiene una gran necesidad de crías, entonces las abejas liman el panal grueso a un ancho normal y la reina pone huevos en estas celdas de panal grueso, limado y estrechado. Esto demuestra que si utilizamos panales gruesos, no podemos prescindir de la rejilla.

Entre las colmenas de abertura superior tenemos una especialmente curiosa, la llamada cajón almacén a lo largo o de Golz. Este tipo de cajón se sale de la norma, ya que no tiene alza superpuesta para la miel sobrante sobre la cámara de cría sino que se aumenta el cuerpo en la horizontal de la cámara de cría. Ambas cámaras son de igual tamaño. Para poder aprovechar con éxito este espacio tan amplio necesitamos una abeja que esté criada para estas dimensiones y también se requiere que habite en una región muy melífera para la recolección. Dado que la colocación lateral o anterior de la cámara para la miel sobrante no es la ideal, han aparecido entretanto modelos mixtos de colmenas en los que la cámara para la miel sobrante puede disponerse adicionalmente arriba. En estos casos, a menudo se introduce una segunda colmena en la cámara para la miel sobrante que se encuentra en la parte inferior. De esta manera se tienen gemelos de cajones almacén.

Este cajón está concebido para el emplazamiento libre. Tiene un techo tapadera. Se pueden realizar los trabajos de control sin ningún problema. Me parece muy aparatosa para caminar con ella, aunque con el modelo original se puede apilar y eso facilita el transporte.

La colmena cajón almacén o colmena divisible

Es el modelo más discutido hoy día. Pocas veces ha habido tantos apicultores a favor y en contra de un modelo. Los partidarios de este modelo los encontramos entre los apicultores jóvenes, los que lo rechazan son los más mayores. Puede ser que se deba a que los jóvenes dispongan de más fuerza que los más adultos para levantar los cajones. Se perfila además la tendencia de que los apicultores principiantes no suelen empezar con antiguas colmenas, sino que directamente practican la apicultura con cajones modernos y nuevos. Los apicultores más mayores rechazan seguramente el cajón por el hecho de que sus fuerzas físicas van disminuyendo, pero además ellos no pueden concebir por qué los viejos buenos modelos que han dado prueba de sus aptitudes deberían terminar en el vertedero, ¡para ser reemplazados por unos modelos más modernos...!

Esto no significa que el cajón es el único cajón moderno existente y el único con el que puede practicarse la apicultura de forma moderna y con futuro. El cajón ocupa un lugar especial entre todos los modelos de colmenas, ya que por ignorancia se piensa que es un modelo nuevo. Esto sin embargo es falso. Las colmenas divisibles son de hecho muy antiguas. Solo han podido difundirse debido a las condiciones existentes en algunas regiones. Actualmente, ya que tenemos abejas que pueden habitar en grandes cajones, el cajón cobra importancia debido a que puede ampliarse de manera ilimitada. Otro factor de peso para su popularidad es el material del que están fabricados. Hasta ahora jamás una colmena había sido fabricada con tan diferentes tipos de materiales: paja, madera, diversos tipos de planchas encoladas, hasta material plástico.

Precisamente los cajones están fabricados en gran parte a base de material plástico, debido a su ligereza de peso. Otro punto a favor de los cajones de espuma de plástico es su bajo precio de fabricación. Quien sin embargo desee ofrecer a las abejas un habitáculo puramente orgánico, tendrá que decidirse entre la paja y la madera maciza.

En el capítulo de las colmenas de abertura superior, ya mencionamos algunas diferencias respecto a los cajones o colmena divisible. La diferencia fundamental

frente a la colmena de abertura superior es que el cajón
se compone de iguales espacios. El suelo puede
abrirse. No existe una cámara de cría o de miel sobrante sino que cada cajón puede cumplir esa función.
La tapa superior puede abrirse. El cajón se compone
de un suelo o una base, entre uno y cinco cajones y una
tapadera o cubrecuadro. La tapadera está fabricada de
tal manera que en la mayoría de los casos hace las funciones de tejado.

Si tenemos una colmena de cuatro cajones, es bastante fatigoso realizar los trabajos de control del último
cajón, ya que primero han de retirarse los tres superiores. Esto ha despertado el espíritu inventor de los apicultores. Concibieron herrajes a modo de bisagras, que
permiten volcar los cajones individualmente o dos o
tres a la vez. Todos los cajones disponen de herrajes de
vuelco en la parte posterior, por lo que no es necesario
levantar cada cajón. Estos cajones reciben el nombre de
cajones basculantes debido a estos herrajes. El mecanismo de vuelco solo es aplicable en los cajones de
construcción fría. En las construcciones calientes se
aplastarían los panales.

Este sistema puede llevar el nombre de "alzas basculantes" y, para que ellas no se caigan, se ha inventado
un trípode regulable, sobre el cual reposa el alza basculada hacia adelante. Este sistema alivia considerablemente el trabajo del apicultor. Nunca he visto tales
sistemas sobre alzas hechas con materiales sintéticos.

La colmena cajón divisible es un hábitat para la abeja
en el que puede practicarse la apicultura fácilmente. Se
puede ampliar casi de forma ilimitada. Puede transpor-
tarse. Su fabricación, ya sea de madera o de otro material, es mucho más simple que otros modelos de cajones.
No es necesario un colmenar cubierto. Aquellos que por

su constitución no puedan levantar peso y rechacen los cajones basculantes, pueden disfrutar de las ventajas de la apicultura con cajones si utilizan cajones de cuatro compartimentos, como en el caso de las colmenas de abertura anterior.

Cajón colmena de styropor de Segeberger, en bloque. Una de las mejores colmenas cajón de plástico. Foto: Petersen

Cajón de Chritsch. Totalmente contrario al cajón de Segeberger. Es la colmena cajón más antigua que existe construida en madera. Son cajones muy pequeños, que se manejaban igual que las colmenas rústicas de paja

Esta colmena cubierta resulta curiosa. Está concebida para pasar el invierno. Solo tiene sentido si el invierno es muy crudo y si después se tiene previsto trashumar con las colmenas

Para completar el manejo racional de la colmena cajón divisible, existen también tapaderas y suelos de madera bastante complicados. Así por ejemplo se pueden encontrar tapaderas que están construidas con un sistema de ventilación y una cámara para la evacuación de aire. Este habitáculo está bien aireado gracias a una malla metálica que ofrece además un amplio espacio para que se cuelguen las abejas. Durante la trashumancia puede hacer mucho calor en los cajones y las abejas se recogen en las calles de los panales, con el fin de evitar el sobrecalentamiento. Este habitáculo de ventilación está pensado para que las abejas puedan colgarse de él como en la enjambrazón. En las colmenas de abertura superior existe algo parecido, aunque es más corriente que dispongan de una especie de "verandas" o "tejadillos" enrejados para la trashumancia. Se trata de una pequeña construcción delante de la piquera, en la que pueden colgarse las abejas. El habitáculo de ventilación bajo el techo puede estar construido también de tal manera que puede colocarse en el un recipiente de comida de unos 5 a 10 litros, con lo que se evita la alimentación por balón o cubo.

Algunos apicultores han construido un sistema de bases interpuestas que les permiten sobreponer dos colmenas, una sobre otra. Estaban pensadas solo para la época de invierno. Estas bases estaban en parte construidas de tal manera que las abejas podían orientarse mejor en el momento de enjambrazón de las abejas pecoreadoras de cada cajón.

El suelo también ha sido objeto de la inspiración inventiva. No solo se incorporaron dispositivos para la ventilación durante la trashumancia sino también recipientes para la alimentación invernal pastosa. De esta manera han ido apareciendo diferentes construcciones de la parte superior del suelo. En todas estas invenciones hay que tener en cuenta que sean lo más simples posibles, ya que cuanto más complicado es el sistema tanto más susceptible es de tener alguna avería en su uso práctico. En todas las construcciones de tapadera hay que pensar en que no se produzca ninguna zona de pérdida de calor, ya que podían perjudicar a la temperatura de la colmena.

Con estos ejemplos podemos ver cómo de una colmena sencilla puede desarrollarse una construcción complicada; si queremos integrar en el cajón un sistema de ventilación para la trashumancia y un dispositivo fijo de alimentación hay que reconocer que en ocasiones estos accesorios de colmenas son necesarios para el apicultor.

COLMENA RÚSTICA DE PAJA

Después de haber descripto todas las colmenas más corrientes queremos terminar con la colmena rústica de paja. La colmena de paja no es un tipo de colmena en sí sino que ya está incluida dentro de las colmenas ya descriptas, solo que está construida con paja. Si revisamos la evolución de las colmenas, siempre se han utilizado como materiales la madera y la paja que están vinculadas la una a la otra, con excepción de la colmena cesto. La colmena cesto puede compararse con la colmena hecha en un tronco. En todos los demás tipos de colmenas, siempre encontraremos madera o paja.

Aparte de la colmena puramente de paja, en general se incluye también la madera. Es decir, el cuerpo o armazón que da estabilidad a la colmena es de madera. Las colmenas de paja en cuanto a su forma son exactamente iguales a las de madera, solo que el material para mantener caliente la colmena es de paja. Es legítimo si nos preguntamos por qué utilizamos todavía paja, si hoy día tenemos máquinas muy buenas para trabajar la madera y es muy fácil construir colmenas.

En cuanto a los materiales de la colmena sucede lo mismo que con los tipos de colmena. Uno prefiere la colmena cajón o divisible, otro trabaja mejor con colmenas apiladas. Un apicultor prefiere materiales sintéticos, otro madera y otro paja. Pero tampoco es tan simple, ya que si examinamos los materiales más detalladamente existen fuertes diferencias que merece la pena sopesar. No hablaremos aquí del plástico. La madera es un buen material para las abejas. Lo mejor para la abeja es cuando el material vive todavía, como en el caso de las colmenas en cavidades de troncos. Este tipo de apicultura actualmente es inviable. Rudolf Steiner habla sobre las grandes diferencias entre los dos materiales. Él no ve la diferencia de los materiales según sus cualidades térmicas o aislantes en la regulación de la temperatura, como hoy juzgaríamos, sino por las "capacidades" de cada material. Él indica que la paja atrae del entorno otro tipo de sustancias que las que atrae la madera neutra, lo que tiene una influencia en la vida interior de la colmena. Si alguien durante años ha podido comparar entre las colmenas de paja y madera, habrá comprobado que las abejas prefieren las colmenas de paja a las de madera. Siempre tenemos la impresión que las abejas se sienten más a gusto en una colmena de paja que en una de madera. Si el apicultor puede apreciar la paja, la colmena de paja es la mejor para las abejas.

Si nos hemos decidido por la paja, la primera pregunta que se plantea es sobre qué tipo de paja. Para el hábitat de la abeja la única paja que conviene es la de centeno. En comparación con otros tipos de paja, la paja de centeno tiene mucho sílice, lo que no solo garantiza más estabilidad sino también más duración y aislamiento. Las abejas destruyen a mordiscos la paja de la avena y de la cebada y de los tallos solo quedan las fibras. Además estos dos tipos de paja se humedecen antes que las de centeno. La paja de trigo, aunque más consistente que las de avena y cebada, no dura tanto como la de centeno. La paja del centeno tiene además la ventaja de ser más larga y se puede trabajar bien, ya que por la longitud de las espigas no es necesario "hacer añadidos".

Es una ventaja si el centeno proviene de un terreno rico en sílice, ya que aumenta la resistencia y el poder de aislamiento. Si queremos ofrecer a las abejas paja de buena calidad, tiene que provenir de un cultivo biodinámico en el que no solo se prescinde de estiércol artificial y productos químicos sino que utiliza preparados biodinámicos, especialmente el preparado de Ake, que fomenta especialmente el crecimiento armonioso del centeno.

La paja ha de provenir de un cultivo en el que las espigas estén bien maduras y no verdes en el tercio inferior. Hoy en día, la cosecha se recoge con segadora-trilladora, lo que para la paja supone un problema, ya que de la segadora solo sale paja triturada y cortada. Puede utilizarse la paja que obtenemos de la segadora-agavilladora, pero hay que cortar las espigas. Otra posibilidad es la paja cortada con la guadaña. La dificultad radica en que no es fácil cortar el centeno con la guadaña. Nuestro consejo es que la paja que vaya destinada a la construcción de colmenas provenga de una cosecha que haya sido cortada con la hoz o la guadaña.

Para construir un cuerpo de colmena o un alza se necesita una buena gavilla. Esto equivale a la cantidad que uno puede ponerse bajo su brazo. Si vamos a fabricar muchas colmenas necesitamos bastante paja. No podemos decir cuántos metros cuadrados de cultivo de centeno se necesitan para obtener la paja para la construcción de una colmena, ya que la densidad del cultivo varía de un campo a otro. Para cortar las espigas nos sirve la antigua hacha cortapaja, que algunos pequeños agricultores utilizan para cortar el maíz.

Después de todo lo que hemos dicho, no es de extrañar por qué la colmena de paja no está tan extendida como la colmena de madera. La colmena de paja es de fácil fabricación, pero es más difícil conseguir los materiales necesarios que en el caso de la colmena de madera.

El apicultor que no teme el trabajo y el esfuerzo para llegar a tener una cosecha de paja para poder fabricar una buena colmena, podrá disfrutar mucho tiempo de su trabajo. La paja tiene una larga vida si se la trata de forma adecuada. Nosotros seguimos utilizando colmenas que fueron construidas poco después de la Segunda Guerra Mundial. Siempre han estado en uso y continuamente en trashumancia.

La larga vida de las colmenas se consigue aplicando una capa de embadurnado de estiércol de vaca y arcilla en la pared exterior e interior de la colmena, como hacían los apicultores de las praderas con los cestos Lüneburger.

El embadurnado de estiércol de vaca con arcilla

Para el embadurnado de estiércol de vaca se necesitan los siguientes productos: boñigas de vacas lecheras que se han alimentado solo con heno durante un corto tiempo. Después de pocos días, los animales depositan unas boñigas bien formadas en espiral que son perfectas para el embadurnado. No es recomendable boñigas de vacas con diarrea. Otros productos son: ceniza de madera, barro o arcilla y suero de leche.

Receta: 3 cubos de boñiga de vaca
   1/2 cubo de arcilla o barro
   1/2 cubo de ceniza de madera
   3-5 litros de suero

Todos estos ingredientes se vierten en una cuba y se remueven bien con una pala. En la mezcla se añade suero, que varía entre 3 y 5 litros, hasta que la masa tenga una consistencia espesa que pueda extenderse bien con una espátula fina. El embadurnado necesita varios días hasta que seca. Las colmenas no deben ser expuestas al sol estos días, ya que si no el proceso de secado va demasiado rápido y podrían producirse grietas. Lo mejor es poner las colmenas en un lugar sombreado donde haya corriente. El embadurnado se aplica formando una capa que iguala las diferencias entre las espigas, cubriendo toda la paja.

Construcción de una colmena de paja

La colmena de paja es muy fácil de fabricar. Existen medidas muy diferentes de cuadros y panales, por lo que no tiene sentido dar un plano con medidas exactas ya que los datos no serían de interés. Explicamos la manera de fabricación y la construcción base tal y como nosotros lo hacemos. Entretanto han aparecido las más diferentes formas de construcción entre los apicultores que han participado en nuestros cursos de construcción de colmenas, desarrollando su forma personal de fabricación. Para los que no les parezca suficiente la presentación que hacemos sobre la construcción de colmenas, pueden participar en un curso de colmenas para aclarar todas las dudas que van apareciendo.

Para construir una colmena, primero hay que fijar las medidas. Para ello necesitamos un cuadro del tamaño que queremos la colmena. Se toman los espaciadores del cuadro. Se coloca el cuadro sobre un gran papel de embalaje o papel milimetrado, como mostramos en la ilustración. El grosor de la pared ha de ser entre 50 y 60 mm.

Tenemos que decidirnos por el tipo de colmena. Recomendamos los de cajón o divisibles. Se pueden controlar fácilmente, se puede trabajar bien con ellos. La forma es también la adecuada para las abejas.

Para los cajones se necesita la misma medida para todos los cuadros, es decir que solo necesitamos una prensa o molde. Si queremos construir un cajón de abertura posterior, en el que el pollo es más grande que la cámara de miel, entonces necesitamos dos prensas diferentes.

El ancho de un cajón depende de las medidas del cuadro. La profundidad depende de la cantidad de panales que queramos colocar. Para cada panal hemos necesitamos unos 35 mm, es decir 25 mm de grosor de panal y 10 mm de espacio intermedio. Si el cajón tiene 11 panales se necesita una cavidad interior de 11 x 35 mm. De aquí resulta un margen de 38,5 cm más 1 o 2 cm de holgura. La cavidad interior para una colmena con 11 panales es de 40 cm de profundidad.

Según vemos en el croquis de la ilustración, la colmena de paja tiene un cuadro inferior y superior que son trabajados para recibir tapadera, base, etc. Los cuadros de madera tienen las mismas medidas que el cuerpo de paja de la colmena. Para la construcción de dicho cuerpo necesitamos una prensa que tenga el mismo tamaño que el cuerpo de la colmena.

Los cuadros de madera en la parte superior e inferior se sujetan entre ellos mediante alambres que estabilizan la pared de paja. Entre cada alambre dejamos una distancia de 10 a 15 cm. La guía del alambre queda también indicada en el diseño de la colmena. Para coser la colmena necesitamos alambre galvanizado de 0,8 mm.

Para la fabricación de esterillas o divisorios individuales necesitamos alambre galvanizado de 1,0 a 1,2 mm. Este grosor da mucha más estabilidad y sujeción que el de 0,8mm.

El tamaño de la colmena queda determinado por el marco colocado sobre el papel milimetrado

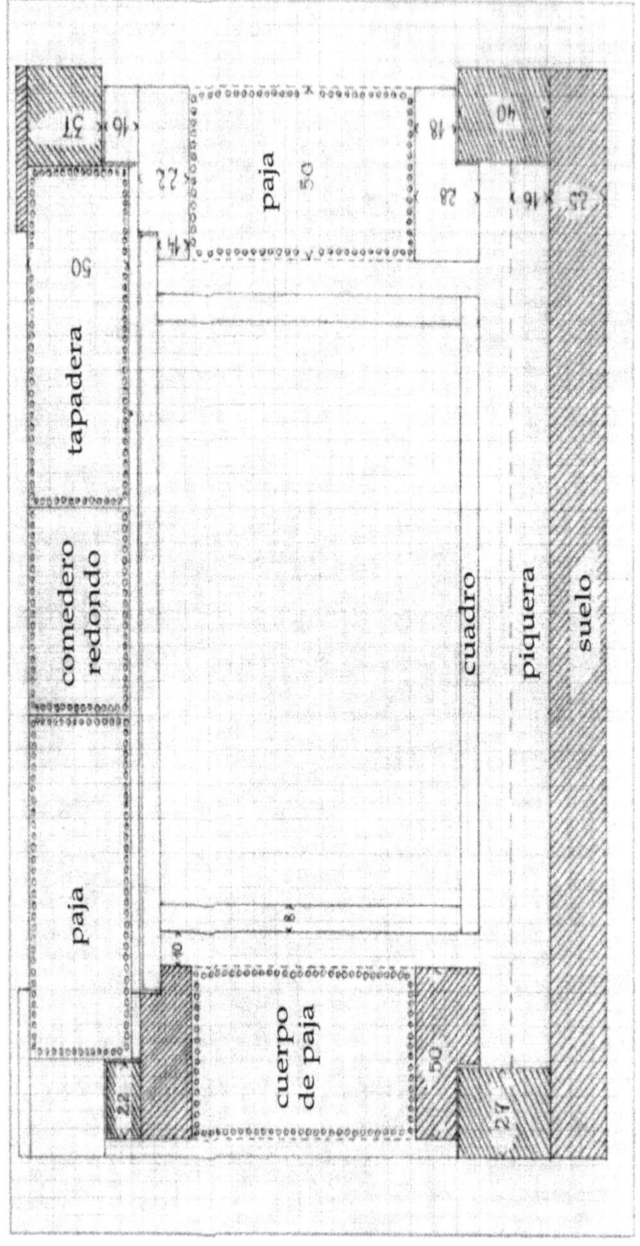

La colmena de paja compuesta de tapadera, cuerpo y suelo

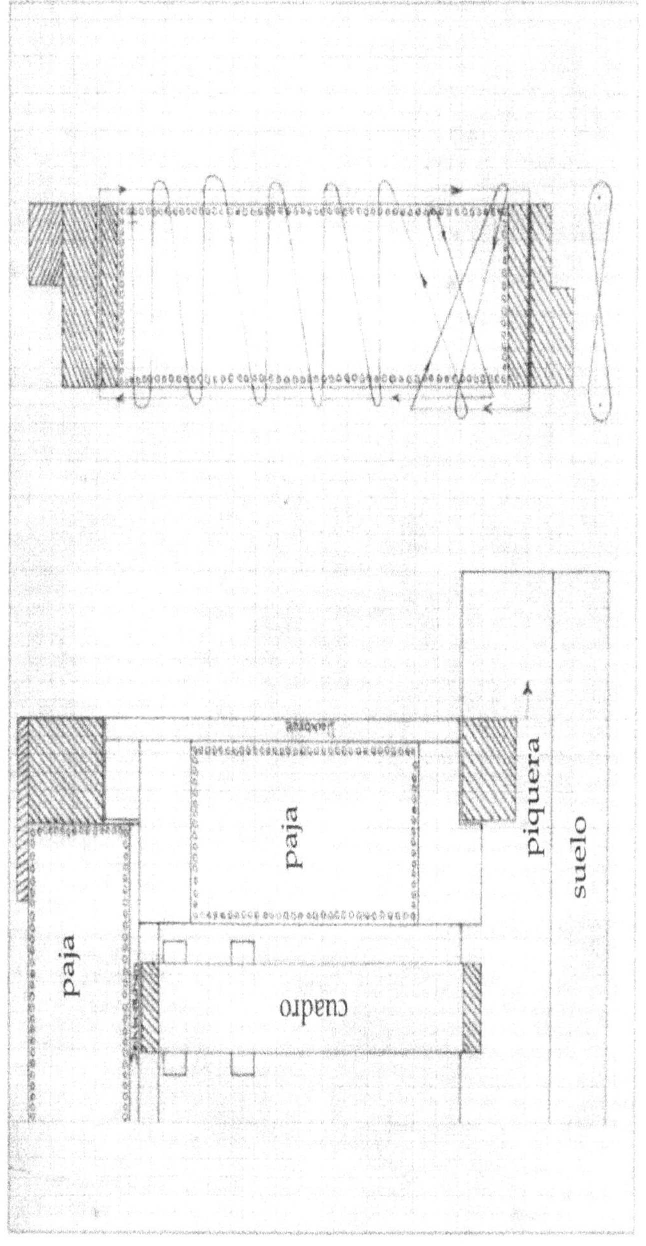

Perfil de piquera y guía de alambre para el cosido

Peine cardador de paja

Prensa con cuadro inferior

Colocación del cuadro

Colocación de la paja

*Colocación de la paja hasta la
altura deseada*

*Recorte de las paredes
posterior y anterior*

*Pared posterior y anterior
recortada*

*Colocación del cuadro
superior*

*Prensa llena con el cuadro
superior*

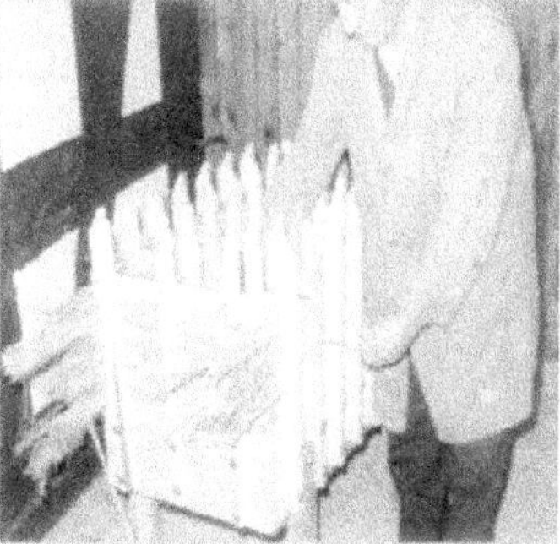

*Unión de los cuadros superior
e inferior mediante alambre*

*Cuerpo de la colmena cosido
y recortado*

*Estructura de una
colmena de paja*

Con el fin de estabilizar el cuerpo de la colmena, fijamos con clavos unos listones finos en las esquinas interiores de los dos cuadros. Si la colmena está destinada a la trashumancia, es conveniente cubrir el exterior del cuerpo con una madera fina. El grosor de la madera de recubrimiento que utilicemos no ha de ser superior a 5 u 8 mm, ya que si no perdemos la ligereza de la colmena de paja.

Generalmente, en la colmena superior se coloca un folio de plástico entre la tapadera y los panales, para que las abejas no cierren con la cera la tapadera. Si queremos prescindir de este folio o de un trapo empapado en masilla de cera y resina, podemos utilizar en su lugar un cubrecuadro de madera muy ligera, hecho de tablillas. Estas tablillas tienen un grosor de 6 mm y un ancho de 6 a 8 cm. El ancho depende del tamaño de la colmena. Estas tablitas han de tener todas el mismo ancho y no unas más estrechas y otras más anchas. En los trabajos regulares en la colmena sería si no cansado buscar siempre las tablitas correspondientes, solo porque no tienen el mismo ancho. Las tablitas tienen la ventaja de que no siempre cubren todo el espacio sino solo lo que se necesita para el control. La desventaja es que no se puede observar el interior de la colmena sin quitar las tablitas. Las tablitas se fabrican con madera sin nudos, ya que estas tablitas finas se tuercen fácilmente allí donde hay nudos y los nudos no sanos caen fácilmente al secarse la madera. Las tablitas terminan teniendo agujeros, con lo que pierden el fin de su función.

La tapadera de la colmena se confecciona también con paja. Debe tener el mismo grosor que las paredes, para garantizar la temperatura interior y suficiente aislamiento. La tapadera tiene un cuadro de madera con una moldura que encaja perfectamente sobre el cuerpo de

*Cuerpo de cajón de colmena
con embadurnado de
estiércol de vaca*

*Cuerpos de colmena
con y sin recubrimiento
de madera*

*Colmena tipo "almacén" con embadurnado de estiércol
de vaca y barro*

*Prensa para el cuerpo
de colmena*

Prensa para plancha de paja

colmena o sobre el alza, garantizando un cierre hermético. Por cuestiones técnicas, algunos apicultores renuncian a esta moldura al construir la colmena. En la práctica esto supone sin embargo una desventaja pues los cuerpos de la colmena no están fijados, ni tampoco el suelo ni la tapadera. Durante la trashumancia estas colmenas tienen que asegurarse con hilo de bramante o cinturones por varios puntos, ya que las colmenas sin molduras resbalan fácilmente y se escapan las abejas. En estas colmenas es más fácil que ocurra que aplastemos abejas, por lo que el estímulo para que piquen aumenta considerablemente. Aparte del peligro de las picaduras, no solo hay que proteger y cuidar a la reina sino a cada una de las abejas.

Si las colmenas van a colocarse en espacios abiertos al aire libre, entonces tenemos que cuidar mucho que las molduras y la ensambladura estén bien hechas. Si ponemos la moldura en el interior, el agua de lluvia puede entrar en la colmena a través de la hendidura que queda al exterior. Si la hacemos al exterior esto no sucederá.

Por último, la colmena necesita un suelo o base. Puede incrustarse una simple tabla plana o un suelo elevado. Esto es una decisión individual. Nosotros solo utilizamos los suelos planos. De una forma u otra todo depende del punto de vista de cada uno. El suelo ha de estar construido de tal manera que la abertura de la piquera abarque el ancho de la colmena para que puedan introducirse fácilmente los "paños de invierno". Esta abertura tan ancha se estrecha durante las demás estaciones con unas cuñas de madera, ya que el ancho de la colmena es demasiado grande y, en el peor de los casos, no pueden defenderse en caso de pillaje.

El suelo ha de ser totalmente de madera. No se necesitan planchas de paja. En diferentes ensayos hemos comprobado que las esterillas de paja en el suelo siempre atraen a las polillas de cera, hormigas y otros huéspedes indeseables, ya que aquí siempre hay restos de podrido y humedad, ofreciendo un lugar perfecto para estos "inquilinos". Si deseamos que desde la parte inferior se cree una buena temperatura, hemos de colocar la colmena encima de un banco que tenga un material aislante.

LAS HERRAMIENTAS Y EL EQUIPO
DEL APICULTOR

Después de haber descripto el lugar de emplazamiento, la forma del mismo, la colmena, nos falta, aparte de las abejas, las herramientas del apicultor. Las herramientas son algo secundario, pero cuando no son las adecuadas puede sufrir nuestro entusiasmo con las abejas.

El equipo del apicultor incluye un mono de apicultor. La ropa y el sombrero han de ser de lino o algodón. El material ha de ser transpirable para que el apicultor no sude en exceso, si no emanaría un fuerte olor corporal que irritaría a las abejas, las pondría nerviosas y picarían. Como traje sirve uno de los monos de apicultor con una parte superior de color claro, cerrándose bien en el cuello, en las piernas y en las manos. Un mono de trabajo también puede cumplir la función. El problema se presenta si tenemos abejas que pican demasiado o están en un momento en el que pueden picar más fácilmente, entonces el traje de apicultor tiene sus ventajas, ya que podemos seguir trabajando sin tener que ocuparnos de las abejas que se pierden en las piernas del pantalón o en las mangas.

En la cabeza tenemos que tener un gorro o un sombrero y un paño o velo. La gorra ha de ser de un material impenetrable y no una gorra de punto. Las abejas se enganchan en los suéters y las gorras de lana lo que siempre termina en una picadura. Lo mismo ocurre con los pelos de la cabeza y la barba. Para las abejas es más agradable si la vestimenta del apicultor está adaptada a ellas y no a lo que desea el individuo. También en los calurosos días de verano es mejor llevar un traje o una camisa, aunque el apicultor quiera demostrar la tranquilidad de sus abejas llevando el torso desnudo. Esto puede demostrarlo de otra manera. Si las abejas se posan sobre su espalda o sobre su pecho con pelos, irremediablemente el apicultor se pondrá nervioso y el desarrollo de sus trabajos se verá perturbado.

Para el apicultor existe también el "velo". Esta red protectora solo ha de usarse si realmente es necesario. Cuando empezamos a practicar la apicultura necesitamos una especie de contacto. Si llevamos el velo por razones de miedo, debemos plantearnos si queremos ser apicultores realmente. La actividad con seres vivos que va acompañada siempre del miedo no puede ser de larga duración.

Lo mismo sucede con los guantes. Lo mejor es no tener guantes. No existe ningún guante de apicultor que permita el sentir que tenemos con las manos desnudas. Si aplastamos una abeja con las manos lo sentimos muy tarde, cuando nos pica. Si llevamos guantes no sentimos nada, ya que la picadura de la abeja no puede atravesarlos. El resultado de llevar siempre guantes es que las abejas cada vez pican más. Esto se debe a que cuando nos pican en el guante, el pincho con el veneno queda en la piel del guante y todo el veneno pasa al guante. Al transformarse la proteína aparecen olores que las abejas perciben y que las estimulan a defenderse. Esto hace que piquen. En este caso el apicultor puede protegerse, el vecino no.

El apicultor necesita un pequeño martillo, unos alicates, un destornillador, una caja con clavos de diferentes tamaños y un alambre galvanizado con zinc. Con estas herramientas siempre puede hacer pequeñas reparaciones en el cajón de la colmena. Para la colmena necesita también un pulverizador y una pipa de apicultor. Existen diferentes tipos de pipas. Si el apicultor puede aguantar algo de peso con los dientes, entonces la pipa Dahte es perfecta. Esta pipa también existe con una cuerda que se puede colgar al cuello. La pipa dispone de una pieza por la que se sopla, que a su vez está unida al cuerpo de la pipa mediante un tubo. El que tiene muchas colmenas puede utilizar la máquina de humo. Se trata de un aparato que se mantiene en funcionamiento con un mecanismo de relojería o con un fuelle. Generalmente se denomina a este aparato Smok mashine y puede comprarse en los comercios especializados. La desventaja que tiene es que pasa demasiado humo a la colmena, provocando una gran intranquilidad entre las abejas. El sabor de la miel también puede sufrir a causa del humo. Para el apicultor de afición es mucho más barato de todas formas utilizar una pipa. Esta claro que con esta pipa se sopla, no se chupa o inhala.

Como tabaco puede usarse tanaceto (tanacetum vulgare); también puede servir la paja, es decir restos de heno o madera vieja de sauce o similar. Debemos prescindir de turba, cartón y materiales parecidos, ya que el humo que producen al quemar apesta intensamente e incluso pica si no puede regularse exactamente la entrada de humo.

El apicultor necesita también un cincel de madera. Sirve para separar los cuadros, para limpiar los cajones, etc. El cincel ha de estar fabricado de tal manera que una de las partes torcidas debe tener un largo de al menos 10 mm, ya que si no resbala rápidamente, o limpiando puede atascarse rápidamente.

Para cepillar las abejas de los cuadros pueden usarse plumas sueltas o alas de oca. La pluma suelta tiene la ventaja que las abejas no se enganchan tan fácilmente en ella como en el caso de toda el ala. Pueden usarse también escobas pequeñas de apicultura, pero hay que tener cuidado de que las cerdas sean suaves y flexibles ya que si no la escoba se convierte en una tortura para las abejas.

Para las colmenas álbum y de abertura anterior citamos también un levanta-cuadros o alicates de panales. Podemos prescindir de ellos si tenemos una colmena álbum, pero no si tenemos una colmena de abertura anterior. La mordaza o pinza de los alicates tiene una forma de pico que pasa perfectamente entre el cuadro y la pared del cajón. Existen en el mercado varios modelos de diferentes materiales. Es más conveniente que los alicates sean de hierro que de hojalata prensada.

Autocentrifugadora para panales. Sistema "Graze" manual y eléctrico. Con esta centrifugadora puede centrifugarse tan cuidadosamente, que incluso los panales naturales no se rompen

Como última herramienta tenemos la pala de escombros. Se trata de un hierro largo, de unos 50 o 100 cm. Por un lado termina plano como un escoplo, por el otro forma un ángulo recto de unos 8 cm. El lado del ángulo recto está afilado a los lados para que pueda rascar bien el suelo. Esta pala se usa para retirar la basura de invierno o primavera a través de la piquera.

Los instrumentos especiales como la centrifugadora, la cuchara de larvas, etc., se describen en el apartado correspondiente.

Diferentes tipos de máquinas de humos

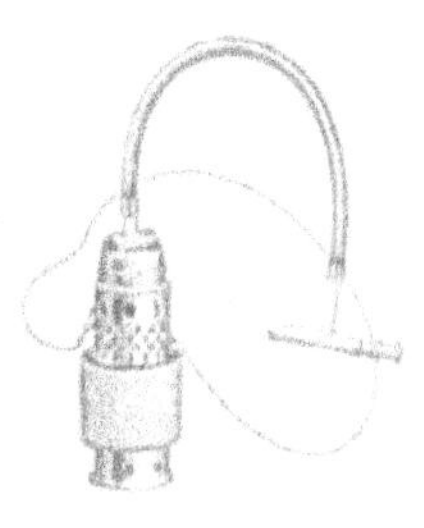

Escoba de panales

Alicates de panales

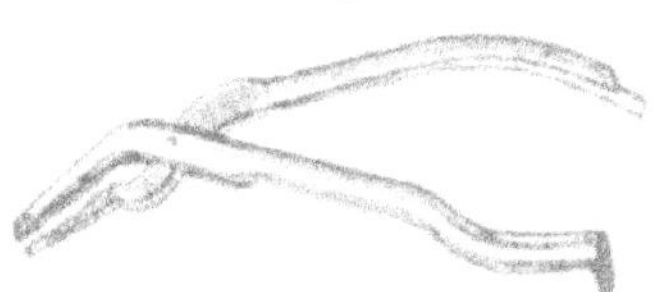

Punzonadora de celdas

Pala de escombros

Cincel de madera

Cuchara de larvas

Madera formadora

Tapón de cierre

Tapón de cría

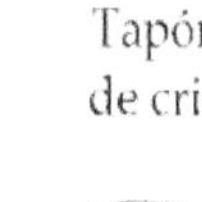

Tabla de cría

La flor del tanaceto es muy buscada por su polen.

Tanaceto (tanacetum vulgare) no solo es una planta de cultivo. También se utiliza para embadurnar los cajones de las colmenas, ya que las abejas aprecian su olor. Se corta y se deja secar; es perfecta como tabaco para la pipa de humo

NAVIDAD

En las ilustraciones de Navidad los pintores suelen pintar también abejas. Así por ejemplo en los cuadros de Albert Dürer y Matthias Grünewald y también en este cuadro de Walter Thun. En el Evangelio se dice que fueron primero los pastores quienes supieron del nacimiento del Niño. Las ovejas son partícipes de la "Anunciación".

Entendemos entonces por qué los pastores, en la mañana de Navidad, van a ver a sus ovejas para anunciar-

"Navidad", dibujo a la aguada de Walter Thun, 1982

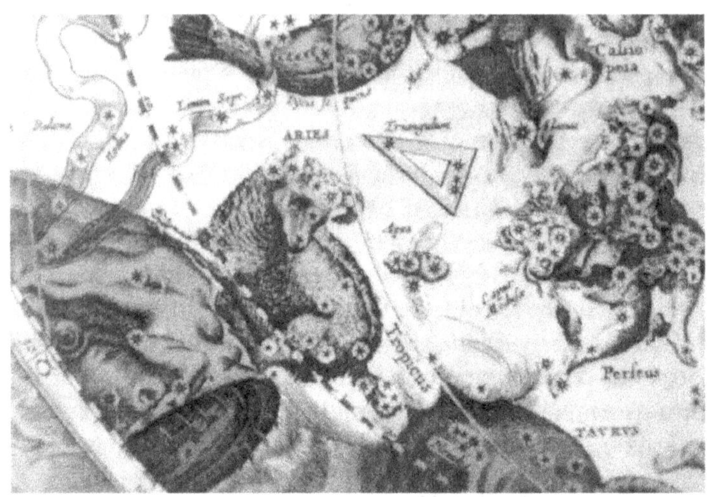

Constelación de Aries y Apis

les que Cristo ha nacido. También el apicultor tradicional va a ver a sus abejas la mañana de Navidad para comunicarles la buena noticia ¿Se quería comunicar la alegría de la noticia o era agradecimiento? Es precisamente en la noche de Navidad que comprendemos lo que nos aportan las abejas: debajo del árbol están los bizcochos de miel y en el árbol brillan las velas de cera (en la cultura germana).

Unas manos amorosas y laboriosas han hecho calcetines y guantes de lana, que protegen del frío invierno. ¿O quizá había algo más en esa costumbre? Félix Timmermann, en su obra "Tríptico de los tres Reyes Magos" deja que el pastor Sukewit diga que "las ovejas en Navidad miraban con sus cabezas hacia el este... y después cantaron y volaron las abejas". También en la mañana de Pascua los pastores y los apicultores comunicaron a sus animales que "Cristo había resucitado".

Se incluían los animales en las fiestas anuales. En parte se cuenta que los animales podían hablar esa noche.

En todos los tiempos, siempre ha habido una buena relación entre los pastores y los apicultores. ¿Reside esta afinidad en su común hora estelar al tener la misma constelación? En los antiguos mapas estelares vemos que en la constelación de Aries, justo encima de la espalda de Aries se encuentra la pequeña constelación de la abeja, Apis. Si observamos a las abejas en su relación con los ritmos cósmicos, veremos que la región de Aries tiene mucha influencia sobre el mundo de las abejas. Ésta se llama también la constelación de la abeja.

En primavera empieza realmente el año de la abeja en relación con la recolección. Es el momento en que Mercurio pasa ante esta región y es cuando empieza el calor de la primavera. Las noches tienen temperaturas más altas, el suelo se va calentando y en la naturaleza empieza todo a florecer.

EL AÑO DE LA ABEJA

En general se ha acordado que el año de apicultura comienza a finales de verano del año anterior. Se opina que una colmena nace fuerte después del invierno si se han realizado anteriormente los trabajos de cuidado de verano y finales del estío. Esto es correcto, según la opinión popular de que las abejas de invierno nacen del último período de cría del año. Los científicos han descubierto que las abejas de invierno (no solo) nacen de las abejas de verano, que "en su trabajo" se han cuidado ellas mismas más. Tenemos pues que plantearnos la importancia de los cuidados de verano y finales de verano.

A este respecto aparecen dudas. Si observamos las abejas en un año en que en la primera mitad de julio ha habido una fuerte recolección en el bosque, es decir una recolección de rocío, entonces constataremos que los cuidados de finales de verano no van a tener el éxito esperado. En primavera tendremos una colmena relativamente débil. En invierno tenemos diversas posibilidades que pueden tener un efecto positivo o negativo sobre las abejas. Es decir, la experiencia nos demuestra con otros ejemplos que podríamos contar, que en primavera no se espera el nacimiento de la colmena que ha invernado sino el nacimiento de la colmena que ha sobrevivido al invierno. Es decir no debemos pensar que los cuidados excelentes de finales de verano van a permitir nacer en primavera una colmena de primera calidad. Esto no significa que debemos dejar estos cuidados y que debemos estar felices y contentos con lo que nos da la colmena en primavera.

Si volvemos a revisar los resultados de las investigaciones, veremos que ciertas abejas de verano están destinadas a pasar el invierno. Esto nos hace comprender que los cuidados de todo un año se van a ver al año siguiente. Esto requiere que cambiemos completamente nuestra forma de pensar. No podemos hablar simplemente de una colmena de verano o de una colmena de invierno, ya que en la colmena de invierno hay abejas de verano. El concepto organismo sería el correcto, ya que define más exactamente lo que es una colmena: un organismo.

Rudolf Steiner compara el organismo de la colmena con el organismo del ser humano. Explica que el cuerpo físico del ser humano es renovado en su materia en ciclos de siete años. Este cambio no se produce de forma brusca si no través de los años. Si lo comparamos con el organismo de la colmena, podemos imaginarnos que el reemplazamiento de las abejas de verano por las de invierno, no se produce de repente sino durante el año apícola.

Si observamos a las abejas en primavera, veremos que el reemplazamiento de las abejas de invierno a verano transcurre durante un período y podemos constatar, en ciertos años, una ruptura en el desarrollo de las poblaciones en la primavera, en la que faltan las abejas de invierno que han estado mal alimentadas. La vida de estas abejas es más corta y el desarrollo de primavera de la colmena se puede ver perturbado debido a una situación climatológica desfavorable. En los años en los que la recolección de flor y rocío fue buena, las abejas mal alimentadas no pasarán el invierno, con lo que el desequilibrio de primavera será visible. Se puede decir que en condiciones climatológicas normales y con una colmena sana, los cambios de la colmena suceden de forma armoniosa y tranquila.

Todo esto nos obliga a cambiar nuestra forma de ver el comienzo del año. Cuando utilizamos el concepto de año apícola, nos estamos refiriendo a un transcurso de año diferente del resto de los fenómenos de la naturaleza. El sol tiene un papel muy importante en la naturaleza, no solo en el mundo de las plantas sino también en el de los animales. Desde la primavera el sol describe unos arcos cada vez más elevados sobre el horizonte, de tal manera que la luminosidad del día dura más tiempo y la naturaleza comienza a prepararse para un nuevo verano. A partir del equinoccio de verano, estos arcos del sol decrecen de nuevo y la naturaleza se prepara para un nuevo invierno. ¿Por qué ha de hacer la abeja una excepción si su vida depende totalmente de ese ritmo? Si añadimos las observaciones de Rudolf Steiner que considera a la abeja reina y a las abejas obreras como seres solares, entonces entendemos más claramente que el año de la abeja es igual que el año solar. El año en la naturaleza comienza cuando el sol está creciendo en el cielo y termina cuando ha alcanzado su punto más bajo. Teniendo esto en cuenta, el año apícola comienza cuando el sol empieza a estar más alto.

Al principio del año no hay muchos trabajos que hacer con las abejas. Solo hay que controlar las piqueras para garantizar que no están atascadas por abejas muertas. Precisamente, tenemos que controlar bien las colmenas con suelo doble y vigilar que no estén taponadas (el suelo doble es un segundo suelo con una rampa que sube al piso superior), ya que las abejas pueden estar intranquilas por la falta de aire. En casos serios puede hasta producir la muerte por asfixia.

Si el Sol y Venus se encuentran ante la constelación de Acuario y además está cerca Urano, es decir una constelación de tormenta, entonces puede producirse el vuelo de limpieza. Uno o dos días antes hay que retirar los reductores de entradas que protegen a las colmenas de los saqueadores y las rejillas contra los ratones, a fin de que las abejas no sean molestadas en su vuelo. En esta época del año los rayos del sol pueden volver muy agradable la temperatura exterior. Si viene una corriente de aire frío y la abeja intenta volver volando con sus últimas fuerzas, no puede penetrar en la colmena, por lo que las mallas y las rejillas pueden ser mortales.

Desde que sufrimos la varroa, las "mantillas" utilizadas antaño en el invierno, en parte modernizadas, vuelven a utilizarse. Es una lámina de cartón que se pone en el suelo y con ella puede comprobarse los restos que van cayendo del invierno. Sería igualmente necesario retirar estas mantillas un día o dos antes del vuelo de limpieza, ya que si no las colmenas bien pobladas sacarían ellas mismas la basura y el apicultor no podrían controlar estos residuos. Estas mantillas no son solo necesarias para la prueba de la varroa. Según la distribución de la basura de invierno, el apicultor puede saber la disposición de los panales y el tamaño de la colmena. Además puede saber las provisiones que se han consumido en invierno en función de la cera molida. Estas mantillas dan mucha información al apicultor, que de otra forma solo puede saberlo si abre la colmena.

Si estudiamos las abejas muertas que hay en la mantilla, podemos saber antes del vuelo de limpieza si las abejas son huérfanas o no, es decir si tienen reina o no. Esta posibilidad puede darse si entre las abejas muertas hay una reina. Si entre ellas hay zánganos, entonces podemos suponer que la reina ha sido criada muy tarde y no pudo volar para ser fecundada, con lo que la colmena ha mantenido a los zánganos demasiado tiempo. En estas colmenas encontraremos una reina no fecundada, reconocible por la presencia de cría de zánganos, o bien ninguna reina, quedando la colmena huérfana en el invierno. Todos estos ejemplos muestran lo útil que es la mantilla de invierno, aunque no sea necesario para el control de la varroa.

Cuando llega el día del vuelo de limpieza, el apicultor se encuentra ante una experiencia extraordinaria. Después de muchas semanas de completa tranquilidad comienza un enorme ajetreo, que solo se repite en la enjambrazón o en plena recolección. Se tiene la impresión que la colmena está feliz de poder dejar la paz y lanzarse a la actividad, para poder competir con el nuevo año solar.

Si observamos las piqueras más detenidamente, tendremos una respuesta para las colmenas de las que tenemos duda por la mantilla de invierno. Si por ejemplo en la colmena número 8 hemos encontrado una reina muerta en la mantilla de invierno el día del vuelo de limpieza no tienen reina, entonces las abejas volarán pérdidas alrededor de la parte posterior de la colmena buscándola. Para el apicultor es una clara respuesta y puede prepararse para poder ayudar a la colmena el próximo día de buen tiempo.

Si una colonia no vuela el día del vuelo de limpieza, hay que acercarse por la noche a la piquera y escuchar lo que ocurre en su interior. Si tenemos un buen oído, podremos entender lo que sucede en la colmena. Si oímos un zumbido profundo, entonces es una colmena rezagada, que se prepara para salir el próximo día de buen tiempo y hacer el vuelo de limpieza. Si no oímos nada, entonces podemos llamar con los nudillos a la pared frontal de la colmena para "despertarla". Si no tenemos éxito, significa que esta colmena no ha sobrevivido el invierno, está muerta. Para estar seguros abrimos la colmena. Si la colmena está muerta, entonces tenemos que, o bien limpiar la colmena al instante o bien cerrar la piquera para que las otras abejas no entren a robar las provisiones y se convierta en pillaje. Para escuchar a las colmenas, podemos utilizar un tubo de caucho para no tener que bajarse tanto y percibir mejor el murmullo. Si las escuchamos por la noche podemos saber si son huérfanas de reina o no, según la tonalidad y la naturaleza del murmullo.

Si la temperatura sube de forma armoniosa en primavera, cuando Venus se encuentra ante Acuario, podemos contar con la primera oferta de polen, así del avellano, del aliso, del álamo y del sauce. Este es el momento en el que el apicultor puede juntar a las colmenas huérfanas con las colmenas jóvenes. Esta unión es en primavera muy fácil y apenas hay pérdidas. Si la colmena huérfana

Si al día siguiente encontramos lana de papel en la piquera, podemos estar seguros que la limpieza ha tenido éxito

está más poblada, entonces quitamos la tapadera o cubrecuadro de la colmena huérfana y pulverizamos los panales con agua de tomillo y ponemos sobre ellos un papel de periódico en el que hacemos unos 10 o 15 agujeros con una aguja o bolígrafo. Estos orificios han de estar en la zona central de la colmena. La otra colmena se rocía también con agua de tomillo y se coloca encima. Si no encaja perfectamente sobre la colmena huérfana, entonces el joven enjambre en un alza que tiene la dimensión del cuerpo de colmena al cual queremos reunirlo. El cajón queda cerrado y se mantiene caliente. A través de los pequeños agujeros en el papel, las abejas de la colmena superior e inferior entran en contacto, muerden los agujeros y se produce la unión de las dos colmenas. El siguiente control se realiza, cuando la primavera hace ya necesario que se realice un control en todas las colmenas.

EL CUIDADO DE LAS ABEJAS SEGÚN LOS RITMOS CÓSMICOS

Desde que en 1952 realizamos ensayos con las plantas y observamos el clima, nos llaman la atención los diferentes ritmos cósmicos. A causa de determinadas observaciones surgió de repente la pregunta si las abejas se guían por ritmos cósmicos parecidos o iguales a los que veníamos observando en las plantas y en el clima o si seguían unos ritmos propios. Durante dos años colocamos unas colmenas en nuestro balcón con el fin de observar sin ningún impedimento su actividad.

Pronto observamos que las abejas tenían un comportamiento diferente según qué día. Había días en que las abejas volvían con su cestillo de polen lleno, pero si realizábamos la prueba de las uñas comprobábamos que el saco para néctar estaba vacío.

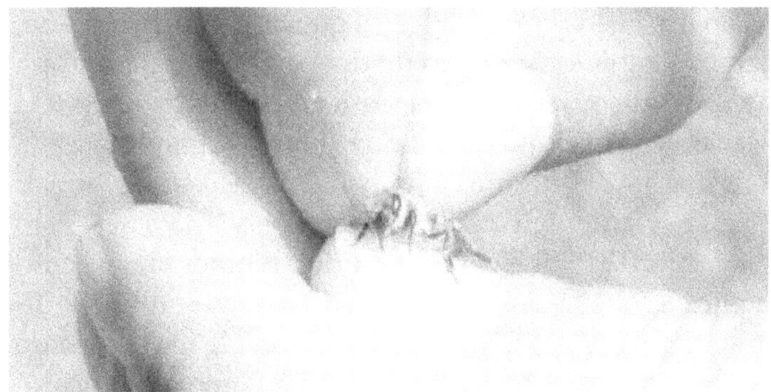

La prueba de las uñas consiste en tomar en la piquera a una abeja que vuelva de su vuelo. Se presiona la parte anterior de su cuerpo suavemente con el pulgar. Si la abeja tiene miel o agua en su cestillo, entonces lo vomita en la uña del pulgar

Había días en que las abejas estaban en plena actividad de recolección, pero a pesar del buen tiempo no traían polen. Otros días volaban poco, no traían ni polen ni néctar. Había otras épocas en que la recolección duraba dos o varias semanas. Algún día suelto las abejas, normalmente pacíficas, volaban como rayos por el aire y ojo si alguna persona osaba interferir su camino. La picadura era segura.

Después de realizar anotaciones durante estos dos años, teníamos un cuadro que resultaba una clasificación según la influencia cósmica. Así por ejemplo, hubo una buena recolección de polen estando Venus ante las constelaciones de Acuario, Géminis o Libra. Una buena recolección de miel a largo plazo se produjo con Mercurio ante las constelaciones de Aries y Leo. Aquí nombramos solo unos ejemplos. Si el apicultor puede prever cuándo puede contar con la recolección de polen en primavera, pondrá el alimento estimulante de tal manera que la primera cría estará lista cuando el polen pueda ser utilizado.

Aparte de los grandes ritmos que hemos mencionado, siempre había otro grupo de días en el que traían una buena recolección de polen y miel. En este caso hay una relación con el ritmo de la Luna sideral. Cuando pasaba la Luna ante determinadas constelaciones, las abejas traían néctar, polen o simplemente volvían vacías. Esto nos recuerda lo que contaba Rudolf Steiner en sus conferencias sobre el ser de la abeja. Un apicultor hizo la siguiente consulta: "En lo que se refiere a la influencia de las constelaciones sobre la producción de miel, los campesinos damos por ejemplo mucha importancia a la siembra cuando la Luna está ante Géminis; lo que quiero decir es si juzgamos a las constelaciones según características visibles o hay algo más". La respuesta de Rudolf

*Este pote de Lüneburg con un pequeño emjambre nos
ayudó a realizar las primeras observaciones en 1964.
Sus resultados nos empujaron a instalar un gran
centro de ensayos*

*Colmenar de colmenas álbum, reconstruido con colmenas
cajón tipo artesa. Este era nuestro primer centro de
ensajo con abejas.*

Steiner fue: "Mire, estos temas no se han tratado hasta ahora de forma científica. Tiene influencia sobre la colmena lo que le he dicho. La abeja de alguna manera, es decir la reina, es un ser solar, lo que el Sol recibe al pasar ante todas las constelaciones es lo que el Sol transmite a la abeja. Pero las abejas también dependen del mundo vegetal. Y en este caso, el paso de la Luna ante las constelaciones influye sobre la siembra. Para las abejas es importante qué tipo de sustancia se encuentra en las plantas. Estas cosas no son inventadas. Pero tal y como se explica normalmente, es bastante superficial. Hay que profundizar las cosas más científicamente". Es decir, estudiar si las plantas sueltan entonces el néctar o el polen solo bajo determinadas influencias, que están regidas por las constelaciones.

Nuevas cuestiones se plantearon, por ejemplo si la colmena reacciona de manera diferente a los trabajos que realiza el apicultor según el día. En determinados días trabaja sin problema, otros días su presencia provoca tal caos en la colmena que las abejas terminan picando.

En el método sin enjambrazón condicionado por el desarrollo de la reina, el cual dura nueve días desde su fertilización hasta la operculización de las celdillas, se visita a la colonia cada nueve días. Dependiendo de cuando se comienzan los primeros trabajos en primavera, van apareciendo ritmos que en los ensayos con las plantas se dividen en cuatro. Tienen una relación con el ritmo de la Luna sideral y son un elemento importante en el crecimiento de la planta y la formación del clima.

En los ensayos que hemos realizado pudimos constatar que la abeja vive su actividad en relación con el movimiento de la Luna. Si la Luna pasaba ante las constelaciones de Aries, Leo o Sagitario las abejas traían néctar. Al pasar ante Géminis, Libra y Acuario traían polen. Ante las regiones de Tauro, Virgo y Capricornio se estimulaba la construcción.

La abeja vive con el movimiento de la Luna su reloj cósmico. Las plantas y el clima siguen también esas reglas, por eso entre las plantas y las abejas existe la armonía (véase cuadro).

En resumen, podemos decir que los trabajos con las abejas ante determinadas constelaciones no solo influyen y dirigen su vida, sino que según la influencia de la constelación podemos fortalecer su constitución.

Constelación zodiacal	Elemento	Tendencia del clima	Órgano vegetal	Actividad apícola
Piscis ♓	Agua	Húmedo	Hoja	Preparación de miel
Aries ♈	Calor	Cálido	Fruto	Recolección del néctar
Tauro ♉	Tierra	Fresco/frío	Raíz	Construcción panales
Géminis ♊	Luz	Aireado/luminoso	Flor	Recolección del polen
Cáncer ♋	Agua	Húmedo	Hoja	Preparación de miel
Leo ♌	Calor	Cálido	Fruto	Recolección del néctar
Virgo ♍	Tierra	Fresco/frío	Raíz	Construcción panales
Libra ♎	Luz	Aireado/luminoso	Flor	Recolección del polen
Escorpio ♏	Agua	Húmedo	Hoja	Preparación de miel
Sagitario ♐	Calor	Cálido	Fruto	Recolección del néctar
Capricornio ♑	Tierra	Fresco/frío	Raíz	Construcción panales
Acuario ♒	Luz	Aireado/luminoso	Flor	Recolección del polen

Para los trabajos prácticos con las abejas, podemos dar los siguientes consejos:

Días de Luz y Flor

Los impulsos que generan los días de Luz y Flor, cuando la Luna está ante Géminis, Libra y Acuario, fomentan todos los trabajos de construcción de colmenas, multiplicación de colmenas y cría. En estos momentos las abejas recogen más polen. Las abejas se muestran tranquilas durante su actividad. Están reposadas en los panales, sin volar, nerviosas y se encargan de la cría. La reserva de miel está por encima de la media.

Días de Agua y Hoja

En los días de Agua y Hoja, cuando la Luna está ante Piscis, Cáncer y Escorpio, siempre hemos observado que las abejas no desean ser molestadas. Su enojo por los trabajos en esos días lo demuestran picando. Están nerviosas y corren afuera de los panales tan pronto se las saca de la colmena. La producción de miel es más baja de lo normal.

Días de Calor y Fruto

Cuando trabajamos la colmena los días en que la Luna se encuentra ante Aries, Leo o Sagitario, las abejas tienden a recolectar más néctar. Con esta ocupación casi única, producen mucha miel en la primera mitad del año pero descuidan la cría, con lo que en la segunda mitad del año ya no son capaces de rendir tanto. Esta dejadez con la cría se debe a que estas colmenas recolectan menos polen que las colmenas de días de Flor, con lo que la base alimenticia para las crías es menor. Cuando se trabaja con ellas, se muestran apacibles y agradables.

Días de Tierra y Raíz

Cuando trabajamos las colmenas en días de Tierra y Raíz, cuando la Luna está ante Tauro, Virgo y Capricornio, apoyamos la actividad constructora. Esto lo vemos especialmente si construimos enjambres artificiales en días de Calor y Fruto y montamos las colmenas en días de Tierra y Raíz. En el impulso de estos días, las construcciones son rápidas y regulares, los rendimientos en miel son por debajo de la media. Las abejas no se muestran tan pacíficas como las de los días de Luz y Calor.

Con el fin de aprovechar al máximo las reacciones positivas de los cuatro impulsos, hemos de actuar de la siguiente manera:

La inspección de primavera de las colmenas se realiza en días de Luz y Flor. Cuando empieza la recolección de miel cambiamos a los días de Calor y Fruto, apoyando así la recolección de néctar. Cuando se hace una pausa, la recolección se vuelve a los días de Luz y Flor para estimular la incubación y aumento de crías. En la siguiente recolección de néctar se pasa a los días de Calor y Fruto.

Aprovechamos el efecto de los días de Tierra y Raíz, si queremos estimular la construcción. Si necesitamos nuevos panales, en los días de Tierra y Raíz colocamos cuadros o un "cuadro de observación o construcción". Las colmenas se sienten estimuladas para construir. Dejamos los trabajos en los siguientes días de Flor y se retoman en la vez siguiente. Así vuelve a un ritmo favorable y aprovechan al máximo el impulso de construcción.

Los días de Agua y Hoja, el apicultor los debe utilizar para los preparativos pero no para las visitas a las colmenas; tiene que dejar tranquilas a las abejas. Así ellas están contentas y nos ahorramos picaduras innecesarias.

Aparte de la Luna, hay otros planetas que marcan la vida de las abejas. Estos son los planetas que están en relación con las constelaciones y los elementos clásicos.

Constelación	Elemento	Planeta
Aries, Leo, Sagitario	Calor	Saturno, Mercurio, Plutón
Tauro, Virgo, Capricornio	Tierra	Sol, Tierra
Géminis, Libra, Acuario	Aire/Luz	Venus, Júpiter, Urano
Cáncer, Escorpio, Piscis	Agua	Marte, Luna, Neptuno

Cuando Júpiter, Venus o Urano se encuentran ante una constelación de Luz, hemos observado grandes recolecciones de polen. Con estos datos, se pueden prevenir el principio de las recolecciones de polen y néctar.

El Zodíaco con la división de trígonos

Los apicultores que crían reinas saben que la crianza puede ser muy diferente. En algunos casos salen de una cría 35 reinas; en otro caso, con el mismo número de huevos, solo salen 10. Para saber si la cría de reinas dependía también de las constelaciones estelares, se realizaron durante años ensayos. Se ha verificado que el momento del transplante de las larvas es muy importante.

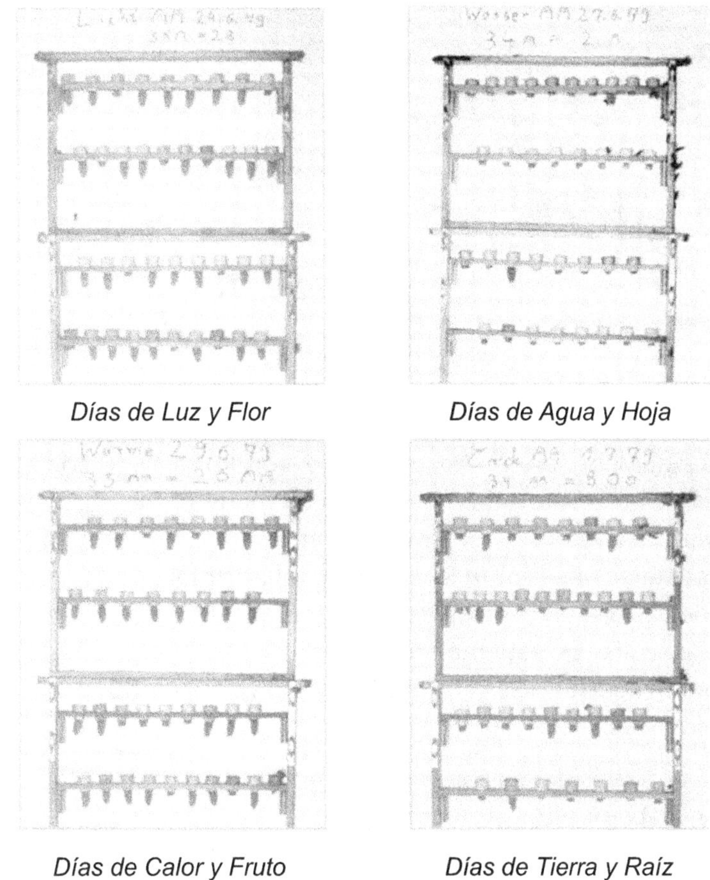

Días de Luz y Flor	*Días de Agua y Hoja*
Días de Calor y Fruto	*Días de Tierra y Raíz*

Los ensayos demostraron que el tiempo favorable para el transplante es cuando Venus y la Luna están ante una constelación de Luz y Flor.

La cosecha de miel y su elaboración debe realizarse de acuerdo con las constelaciones. Los días de Calor y Luz son los más adecuados. La miel recogida en estos días es más dulce y tiene mejor sabor. La intervención más importante es cuando recogemos los panales de la colmena.

La pregunta de cómo absorben las abejas ese efecto cósmico no puede responderse con toda seguridad hasta hoy. Solo sabemos que la colmena ha de abrirse para activar el efecto momentáneo de determinadas constelaciones sobre la colmena. Al abrir la colmena se rompe la capa protectora de propóleo y entra luz sobre la colonia. De esta manera, al ser molestadas las abejas por la abertura, se produce la entrada de las influencias cósmicas.

A través de las experiencias realizadas con las plantas, sabemos que el efecto cósmico se produce cuando se remueve la tierra. Mediante el movimiento en la tierra aparece el efecto del caos en los microorganismos de la tierra. En la reorganización pueden integrarse las influencias de las fuerzas cósmicas. Una situación parecida sucede en la colmena cuando abrimos el cajón.

Los días favorables para el apicultor se encuentran en el calendario anual de Maria Thun. En este calendario no solo están los tiempos favorables para la agricultura, sino también para los cuidados de las abejas. Indicamos los símbolos astronómicos de las constelaciones, los planetas y las diferentes constelaciones de la Luna

Símbolos astronómicos

Constelación		Planeta		Posición		Tendencia a
♓	Piscis	☉	Sol	☺	Luna llena	Td Tempestad
♈	Aries	♀	Venus	●	Luna nueva	Ta Tormenta
♉	Tauro	☿	Mercurio	☊	Nodo ascendente	To Terremoto
♊	Géminis	♂	Marte	☋	Nodo descendente	DC Día conflictivo
♋	Cáncer	♃	Júpiter		Luna descendente	E Erupción
♌	Leo	♄	Saturno		Luna ascendente	M Mal tiempo
♍	Virgo	♅	Urano	Pg	Perigeo (Luna cerca)	P Precipitaciones
♎	Libra	♆	Neptuno	Ag	Apogeo (Luna lejos)	G Granizo
♏	Escorpio	♇	Plutón		Eclipse	
♐	Sagitario	♁	Tierra		Eclipse	
♑	Capricorio			△	Trígono	
♒	Acuario			☍	Oposición	
				☌	Conjunción	

Tiempo de plantación (banda vertical)
* Inicio
# Fin

Teniendo en cuenta este cuadro, vamos a explicar cómo funciona el calendario de agricultura tomando como referencia el mes de julio del año 2005. (Ver cuadro página siguiente).

1.7.05 - Viernes. El Sol se encuentra ante la región de Géminis. La Luna está ante la constelación de Aries. Se trata de un impulso de Calor-Fruto. Allí se queda hasta el 2.7.05 a las 7h. Los trabajos en días con este impulso fomentan la búsqueda de néctar.

2.7.05 - Sábado. A partir de las 8h la Luna pasa ante la constelación de Tauro hasta el lunes 4, con un impulso de Tierra-Raíz. Durante estos dos días es un momento apropiado para transmitir a las abejas el impulso de construcción. Si queremos luchar contra la varroa mediante la incineración, este es el momento adecuado. Véase el capítulo de los métodos de incineración de la varroa.

Julio 2005

Día ☾/Constel.	Posiciones	Elemento☾	Órgano estimulado por ☾ ó planetas	Tendencia
1. Vi ♈	○ · ♊	Calor	Fruto	Ta Td
2. Sa ♉ 8	△	Calor/Tierra	Fruto h.7h, Flor de 8 a 19h, Raíz desde 20h	Td
27. Semana				
3. Do ♉		Tierra	Raíz	E
4. Lu ♉		Tierra	Raíz	E
5. Ma ♊ 7	⌒14	Tierra/Luz	Raíz hasta 6h, Flor desde 7h Inicio Plantac 15h	Td
6. Mi ♊	●13	Luz	Flor	Ta Td
7. Ju ♋ 15	☿☋18	Luz/Agua	------------------------------	M
8. Vi ♋	Ag19	Agua	Hoja hasta 15h, Flor desde 16h	G Ta DC
9. Sa ♌ 9		Agua/Calor	Hoja hasta 8h, Fruto desde 9h	
28. Semana				
10. Do ♌		Calor	Fruto	
11. Lu ♌		Calor	Fruto	
12. Ma ♍ 8	♀ ☍ ♆	Calor/Tierra	Fruto hasta 7h, Raíz desde 8h	
13. Mi ♍	♃• ☿ ☍ ♆	Tierra	Raíz hasta 14h y desde 21h	
14. Ju ♍	☋8	Tierra	Raíz hasta 6 y desde 11h	
15. Vi ♍	△	Tierra	Hoja hasta 20h, Raíz de 21 a 23h	
16. Sa ♎		Luz	Flor	
29. Semana				
17. Do ♏ 8		Luz/Agua	Flor hasta 7h, Hoja desde 8h	Ta
18. Lu ♏		Agua	Hoja	Fin Plantac 24h
19. Ma ♐ 12	○ · ♋ ♅ 19	Agua/Calor	Hoja hasta 11h, Fruto desde 12h	
20. Mi ♐		Calor	Fruto	Ta Td
21. Ju ♑ 11	☺12 Pg21	Calor/Tierra	------------------------------	
22. Vi ♑		Tierra	Raíz desde 9h	DC
23. Sa ♒ 7		Tierra/Luz	Raíz hasta 6h, Flor desde 7h	
30. Semana				
24. Do ♒		Luz	Flor hasta 23h	
25. Lu ♓		Agua	Hoja	DC
26. Ma ♓	☋19	Agua	Hoja hasta 17h y desde 22h	Ta Td
27. Mi ♈ 18		Agua/Calor	Hoja hasta 17h, Fruto desde 18h	
28. Ju ♈		Calor	Fruto	Td
29. Vi ♉ 14		Calor/Tierra	Fruto hasta 13h, Raíz desde 14h	Td
30. Sa ♉		Tierra	Raíz	
31. Semana				
31. Do ♉	♀ ☍ ♁	Tierra	------------------------------	

Época de plantación

El cambio de horario de verano no se ha considerado, sumar 1 h a las horas aquí escritas

5.7.05 - Martes. A partir de las 7h la Luna pasa ante la constelación de Géminis y comienza un impulso Luz-Flor. Y así continua hasta el 6.7.05, día completo. Es muy buen momento para trabajar con las abejas. Este impulso empuja especialmente la multiplicación y aumento de las colmenas.

7.7.05 - Jueves. Este día está tachado. No debe intervenirse ni con las plantas ni con las abejas. Estos días se dedican a realizar actividades puramente técnicas. Además este es un día en el cual el apicultor no debe molestar a las abejas ya que la Luna pasa ante la constelación de Cáncer. En este mismo día a partir de las 18h viene un nodo durante el cual no realizamos trabajos de cuidado.

8.7.05 - Viernes. La Luna pasa ante la constelación de Cáncer con un impulso de Agua-Hoja. Los días húmedos de Hoja son desfavorables tanto para los trabajos como para la extracción de miel y la centrifugación de la misma.

9.7.05 - Sábado. A partir de las 9h la Luna pasa ante la constelación de Leo y vuelve a aparecer un impulso de Calor-Fruto.

Estas explicaciones muestran cómo el apicultor tiene que manejar y utilizar el Calendario de Maria Thun. En cada edición del calendario se dan también explicaciones de cómo utilizarlo. Para facilitar su manejo, aconsejamos leerlas varias veces, para entrar mejor después en materia.

LA PRIMERA REVISIÓN DE LA COLMENA EN PRIMAVERA

Para los primeros trabajos debemos utilizar imprescindiblemente los días de Luz-Flor (véase en el calendario), ya que apoyan el desarrollo de la colmena. Esta primera revisión de la colmena se hace normalmente cuando la naturaleza ya ofrece polen. Algunos apicultores no pueden esperar en primavera y "asaltan" a la colmena en un momento que todavía no hay nada afuera. Ir a visitar a las abejas demasiado pronto no tiene mucho sentido, ya que se las molesta de manera innecesaria y el equilibrio de temperatura en el interior de la colmena solo puede restablecerse con mucho esfuerzo. En el momento en que florecen los sauces parece ser el momento adecuado. Cuando florece el sauce las colmenas no sufren por un cambio de temperatura.

Hay que controlar si las colmenas tienen cría en todos los estados, es decir huevos, larvas y cría operculada. Si todavía no hay cría operculada tenemos que anotarlo en la tarjeta de control. Según la cría operculada podemos saber si la reina produce obreras o zánganos. Si la cría operculada tiene mayor número de celdas donde se crían zánganos, podemos suponer que la reina es del otoño pasado y que no ha sido fecundada. Hay que retirar de la colmena esta cría y rejuvenecer la población con un enjambre del año anterior. Además de la cría tendríamos que controlar los panales que no están con cría, ya que la cría en primavera es intensa y las abejas necesitan siempre suficientes panales libres para poder crecer sin problema. Si no hay bastante espacio, recomendamos reemplazar el cuadro de provisiones que se encuentra al lado de la cámara de cría por un cuadro vacío que haya contenido cría, pero muy limpio y de color marrón claro. La colmena que se ve aumentada de esta manera debe ocupar todos los panales de invierno.

Si se trata de una colmena cajón que no podemos ampliar con panales sueltos, entonces, si tenemos suficientes panales de alimento retiramos uno y colocamos un panal vacío. Si las abejas han comido poco durante el invierno podemos rascar con el rastrillo para desopercular los cuadros de miel, estimulando a las abejas a tomar más alimento de esta miel y en parte llevarla a otro lugar. De esta manera en la cámara de cría hay más espacio y al mismo tiempo se estimula para una mayor cría. No deberían rascarse más de dos o tres superficies operculadas del tamaño de una palma de mano, ya que la comida rascada, en parte puede salir de las celdas. Si las abejas no son suficientemente rápidas entonces hay un riesgo de ver a las abejas pringarse con la miel que fluye.

Si las abejas sufren por falta de alimento, entonces colocamos panales con alimento o las alimentamos a última hora de la tarde con agua de miel o azúcar. En una solución de hasta 5 litros, en la proporción de 1 a 1, es decir 1 kg de azúcar por 1 litro de agua. Una colonia debe tener bastantes provisiones en la primavera, sabiendo que de las reservas invernales de 18 kg, de 4 a 5 kg serán consumidos durante el invierno y de 13 a 14 kg durante la primavera a partir del momento en que la reina emprende su puesta, pues hay siempre malos períodos que impiden a las abejas salir durante días, incluso semanas. El apicultor cuya recolección principal es en primavera y verano, puede estimular ahora a las abejas con una masa candí del tamaño de una mano compuesta de miel y azúcar. Con este alimento de miel y azúcar se las engaña a las abejas y se las impulsa a producir más crías y no se dejan impresionar por el mal tiempo, que además produciría una baja en la cría.

Después de nueve días, es decir en los próximos días de Luz-Flor, pondremos unos cuadros de observación en las colmenas más fuertes. Este cuadro está vacío y no consta sino de una banda de unos 2 a 3 cm de ancho de cera estampada, soldada a la parte superior del cuadro de cera. Este cuadro se ofrece a las abejas para darles la oportunidad de construir unas celdillas para los zánganos. Además el cuadro es un medio muy útil para el apicultor que así puede ver cómo se encuentra la colmena.

Después de nueve días, cuando se vuelve a hacer un control, el cuadro muestra si la colmena se encuentra en una fase de crecimiento armonioso o si ya ha entrado en la enjambrazón. Si se trata de una colmena fuerte, entonces el cuadro ya está lleno y con cría en forma de huevos y larvas. A esta colmena volvemos a ponerle un segundo cuadro ya que en los colmenares las colmenas no son todas igual de fuertes, tomaremos de una colmena fuerte uno o dos panales con cría operculada y abejas, para poder utilizarlos como medio de fortalecimiento de otras colmenas. Estos panales de cría se controlan perfectamente para no dejar sin reina a la colmena. Se colocan en un soporte de panales y para mantenerlos calientes se les tapa con un trapo seco de lino o con un trapo de algodón o lana de tejido prieto.

Los panales recién operculados los reconocemos porque en los bordes del panal todavía hay celdas abiertas con grandes larvas, mientras en el centro del panal está todo bien operculado. A la colmena a la que hemos retirado los panales, le añadimos en la cámara de cría dos panales marrón claro humedecidos en miel o bien un cuadro vacío y provisto de una banda de cera estampada marrón claro humedecido en miel y un cuadro. De esta manera podemos obtener colmenas de situación parecida mediante la retirada o el añadido de panales de cría con abejas. Estas manipulaciones permiten equilibrar un poco y tempranamente, las diferentes colmenas.

Mientras tanto la vegetación sigue avanzando. Entre tanto florecen algunos frutales y el diente de león comienza su floración. En estos momentos tenemos que contar con recolecciones de néctar de baja producción, por lo que los controles ya no se harán en los días de Luz-Flor sino en los días de Calor-Fruto. El impulso de los trabajos realizados en días de Calor-Fruto empuja a las abejas a concentrarse más en la recolección de néctar. En los próximos controles, observaremos si ya se está preparando la enjambrazón para poder dirigirla. Las colmenas que por su tamaño pueden aceptar un mayor espacio, se les proporciona el mismo. Este espacio adicional se utilizará como cámara de cría o cámara de miel. El apicultor de primavera hará inaccesible este espacio a la abeja reina mediante un excluidor de reinas, ya que tiene que recoger pronto la miel producida.

La miel de diente de león por ejemplo no puede quedarse mucho tiempo en la colmena, ya que puede suceder que se empiece a caramelizar en las celdas. Este peligro existe si no ponemos un excluidor de reinas para impedir que ésta amplíe la cría en este espacio. No se deben centrifugar los panales con cría y tenemos que esperar a que salgan las crías. En este tiempo la miel puede haberse endurecido tanto que ya no se puede centrifugar. Si nos encontramos en un lugar donde la recolección de primavera no es tan importante, aconsejamos prescindir de este excluidor para dejar desarrollarse a la colmena. Si no queremos renunciar a la rejilla, en el momento oportuno hay que cambiar la disposición de la cría en la cámara de cría y pasarla a la cámara de miel, para no impedir el crecimiento de la colmena. Al realizar este cambio tenemos que tener cuidado de no pasar la reina a la cámara de miel.

Es dudoso si es correcto pasar la cría de la cámara a otro lugar completamente diferente en la colmena. La cámara de cría se coloca donde quieren las abejas y son ellas también quienes la amplían o la reducen. Si el apicultor, por cambios en el lugar de asentamiento de la cría provoca desorden en la colmena, actuará de acuerdo con sus planes pero no de acuerdo con las costumbres de las abejas. Cuando no estén enjambrando ellas prefieren ampliar la cría de forma armoniosa, renunciando a la rejilla.

EL INSTINTO DE ENJAMBRAZÓN

Si colocamos un cuadro de observación o construcción en una colmena, no tiene solo como función facilitar la construcción de celdillas para los zánganos sino que también ha de servir al apicultor para poder verificar el estado de la colmena sin tener que controlar cada vez todos los panales de cría. Estos controles provocan mucha intranquilidad entre las abejas y al cambiar de lugar los panales se corre peligro de herir a la reina. Precisamente en la época de la enjambrazón es cuando este cuadro es muy útil. Debe tener el tamaño de un panal del pollo, pues los cuadros de las colmenas de abertura anterior son demasiado pequeños. El tamaño de estos cuadros hace que se llenen rápidamente y no podemos deducir mucho, ya que solo dan una idea de cómo está la colmena en el momento de construcción. Lo más propicio es introducir dos cuadros de construcción de zánganos en la colmena de los que uno se meterá cortado, ya que de esta manera el tiempo de construcción se alarga y así fomentamos la construcción de panales.

Desde la llegada de la varroa, los cuadros de construcción tienen un nuevo valor entre los apicultores. Siempre se dice que hay que recortar la construcción de los zánganos para reducir la expansión de la varroa. Esto es correcto. Algunos apicultores piensan desgraciadamente que hay que retirar todas las construcciones para zánganos de la colmena. Si tomamos una medida tan radical, constataremos que las abejas no se dejan manejar tan fácilmente y que son más propensas a la enfermedad. Tenemos que dejar una pequeña cantidad de cuadros de zánganos, ya que éstos al igual que la reina y las obreras, forman parte del organismo colmena.

Cuando empieza la enjambrazón, el apicultor puede reconocerlo en diferentes signos. Llega el momento del año en el que las colmenas empiezan la enjambrazón y empiezan a construir celdas para larvas de reinas. Se trata en un principio de las celdas reales, es decir de las realeras. Estas realeras están en semicírculo y se construyen al borde de los cuadros de cría de la colmena. Estas realeras solo indican el comienzo de cuando puede empezar la enjambrazón; no tiene por qué ser en primavera, puede también ser en verano. La época principal para la enjambrazón está designada por determinadas constelaciones y no depende de una fecha fija en el calendario. La constelación adecuada es cuando Venus o Marte pasan ante Tauro. Debido a las diferentes órbitas de estos planetas, estas constelaciones van cambiando cada año. También tenemos años en los que no hay enjambrazón, solo en algunas colmenas muy activas.

Las enjambrazones que dependen del clima son otra variante. Ya que el clima depende también de los ritmos cósmicos, nombramos este tipo. Aparece cuando en primavera ha empezado bien la recolección, las colmenas crecen en profusión y hay mucho polen y néctar. Si un período así es interrumpido por el mal tiempo persistente, entonces las abejas inician fácilmente la enjambrazón aun cuando todavía no ha comenzado la época principal para ello. Tenemos entonces la impresión de que las abejas no tienen suficiente trabajo y su aburrimiento las empuja a la enjambrazón.

Existe otra posibilidad para la aparición de la enjambrazón, que depende de la recolección. Es un tipo de enjambrazón que aparece cuando la recolección de miel o polen es momentáneamente muy fuerte.

Las plantas de recolección que fomentan la enjambrazón son las crucíferas, como la colza, el nabo silvestre, la mostaza, pero también el trigo sarraceno y en parte el diente de león.

Las causas de la enjambrazón son los ritmos cósmicos y la oferta concentrada de recolección. El comienzo de la enjambrazón se reconoce por la construcción, que se llama ahuecamiento de las realeras. Estos no se limitan al cuadro de construcción sino que también aparecen en zonas exteriores de toda la cámara de cría.

Para poder determinar el comienzo de la enjambrazón es necesario observar la cría. Para ello se controla toda la cría, es decir todas las etapas de cría desde el principio hasta que se operculan. También se determina la cantidad de jalea real en la cual están bañadas las larvas. Para aprender a realizar estos controles aconsejamos comparar dos colmenas. Una colmena tiene que estar en plena enjambrazón, esto lo sabemos cuando hay celdas de reinas con huevos y larvas. La otra colmena no debe haber empezado la enjambrazón. Es una ayuda si escogemos una colmena con una reina joven, ya que por regla general es garantía de no enjambrazón. Si observamos las pequeñas larvas en la colmena que está enjambrando, veremos que están bañadas enteramente en un jugo lechoso y nutritivo. El suelo de la celda está cubierto de este jugo. Si las comparamos con las larvas de la segunda colmena, que no está enjambrando, veremos que estas larvas están en celdas secas. Tienen menos jugo nutritivo a su disposición.

Si queremos controlar una colmena al principio de la enjambrazón, tenemos que analizar la cantidad de jugo en el que se bañan las larvas. Si las larvas están en seco no debemos preocuparnos por la enjambrazón. Si están en un jugo espeso podemos estar seguros que estas abejas están enjambrando.

Podemos preguntarnos por qué en las colmenas que están enjambrando su cría, es decir sus larvas, están más alimentadas que las que no se encuentran en enjambrazón. Para responder a esta pregunta, tenemos que examinar más detenidamente cómo surge la enjambrazón. Hay dos tipos de abejas que tenemos que distinguir. Existe un grupo de abejas que representa el cruce de todas las razas, que les gusta enjambrar y existe otro grupo, dividido por razas y cruces, que son lentas para enjambrar. Ambos grupos tienen algo en común: la causa para el comienzo de enjambrazón es la misma. Y hay que buscarla en la relación entre la cantidad de abejas que cuidan la cría y la cantidad de larvas a alimentar.

Si en una colmena hay más abejas que cuidan la cría y más alimento del que es necesario para las larvas, entonces las larvas reciben alimento en cantidad excedente por el hecho de que las abejas deben dar este jugo segregado por las glándulas, ya que ellas no pueden, aparentemente, interrumpir la producción. Un fenómeno parecido lo encontramos en la vaca. Si se la ordeña regularmente sus glándulas de leche están activas, hay que ordeñarla en determinados espacios de tiempo. Si dejáramos de ordeñar, la vaca seguiría produciendo leche que no puede retener y la elimina, produciéndose una infección de las ubres. A las abejas que cuidan de las larvas les ocurre lo mismo. No dejan sin embargo que el jugo salga de la trompa sin más, sino que se lo dan a la cría. Cuando las larvas tienen alimento en exceso, las abejas parecen convenir que el espacio se ha vuelto demasiado estrecho para la colonia y así nace el impulso de enjambrazón.

Para poder equilibrar este fenómeno, el apicultor da suficiente espacio a la colmena para que la reina pueda ampliar la cría o pollo adecuadamente. Según los resultados de esta ampliación de la colmena, podemos constatar muy bien si se trata de abejas que gustan enjambrar o no. Las abejas con tendencia a enjambrar pueden ampliar su colmena cuanto uno desee pero partirán a pesar de la ampliación, pues la voluntad de enjambrar no las abandona. La colmena que no enjambra tan fácilmente puede verse influida con la ampliación de la cámara de cría, siempre y cuando la enjambrazón esté en su primera fase. Esto lo reconocemos cuando vemos que las larvas están sobrealimentadas a medias En las realeras no puede haber huevos. Si fuera así o hubiera larvas de reina, la colmena no reaccionará a la ampliación. En este caso el deseo de enjambrazón es tan fuerte que, o bien se las deja enjambrar o bien se realiza una fuerte intervención en la vida de las abejas.

A más tardar en ese momento, el apicultor tiene que decidir si va a permitir la enjambrazón o no. Si el apicultor se pusiera en el lugar de las abejas, su decisión sería muy simple. Dejaría enjambrar a la colmena. Independientemente de si tenemos abejas con tendencia a enjambrar o no, el instinto de enjambrazón es un instinto natural sin el que la supervivencia de la abeja sería impensable. La mayoría de los apicultores no suelen ponerse en la situación de las abejas, sino que sus intereses personales son más importantes y en general se opondrán a la enjambrazón. Para esta decisión hay muchas razones. Vamos a nombrar algunas de ellas.

La mayoría de los apicultores tienen una profesión y durante la semana no pueden estar con las colmenas. Sus mujeres, si estuvieran casados, por regla general tienen algo de miedo a las abejas. En este caso las abejas no deben enjambrar, ya que se le escaparía el enjambre y el apicultor echaría en falta el enjambre y la cosecha de miel producida por él. Una colmena que enjambra antes de la época de máxima recolección no está en condiciones de realizar una buena producción. Además el apicultor no quiere que se produzca la enjambrazón, ya que teme que con el tiempo el instinto de enjambrazón se transmita por herencia. En otro caso puede que tenga reinas valiosas en las colmenas y no quiere perderlas con la enjambrazón. Otros apicultores no quieren saber nada de la enjambrazón, ya que tienen pocas colmenas y no sabrían qué hacer con el enjambre.

Queda claro entonces que el impedimento de la enjambrazón no se hace por amor a las abejas sino por causas ajenas a ellas.

EL CUADRO DE CONSTRUCCIÓN

Como ya hemos indicado, el cuadro de construcción puede decir mucho sobre la situación de una colmena y es de gran ayuda. Antiguamente, en las colmenas de abertura anterior o por detrás habíamos integrado este cuadro indicador detrás de la ventana de observación, formaba parte del cajón. Al abrir la puerta del cajón o la compuerta, se retiraba el aislamiento y se tenía una visión libre a través del cristal del cuadro de construcción. Se tenía la posibilidad de observar lo que sucedía en este cuadro de construcción a través de la ventana de observación, sin tener que abrir la colmena. A veces se podía ver cómo ponía huevos la reina, lo que precisamente para los principiantes podía ser una oportunidad muy instructiva.

Desde que las colmenas son de abertura posterior, especialmente el cajón, el cuadro de construcción fue olvidándose. Al mismo tiempo se fue difundiendo entre los apicultores una idea extraña. Pensaban que con los nuevos cajones uno podía ampliar como quisiera y que el reconocimiento o control de la enjambrazón ya no sería necesario. Ya que no iba a producirse la enjambrazón, no se necesitaba el cuadro de construcción. Algunos apicultores fueron tan lejos que eliminaron las celdillas de zánganos de las colmenas, ya que en su lugar podían ponerse celdillas de obreras, reforzando a la colmena y aumentando la producción. Estas ideas desembocaron en un callejón sin salida. Primero los apicultores vieron que las abejas que habían manejado bien en las colmenas de abertura anterior o por detrás no producían tanto en las colmenas divisibles o cajones como ellos habían pensado. Las abejas no reaccionaban tan bien a este aumento de espacio y se estimulaba la enjambrazón. Para asombro del apicultor la enjambrazón era ahora más difícil de dirigir que antes.

Se tardó mucho tiempo en descubrir cuál era la causa. Se hizo la experiencia de que para cajones de gran tamaño se necesitaban abejas que aceptaran este mayor espacio y lo llenaran, sin llegar por ello a la enjambrazón. Por otro lado, se terminó reconociendo que las colmenas que tenían panales de zánganos eran más fáciles de manejar, lo que llevó a que se volvieran a utilizar los panales de zánganos y el cuadro de construcción. El hecho de que desde hace unos años se utilice el cuadro de construcción y panales de zánganos, tiene que ver con la lucha contra la varroa.

El cuadro de construcción es un cuadro de colmena vacío que tiene el mismo tamaño que un espacio de cría en un cuadro de colmena. Para orientar a las abejas en la construcción del panal se puede fijar con cera, en la barra del cuadro, una banda de unos 3 cm de ancho de cera estampada o se toma un panal y se recorta de tal manera que de la barra superior cuelguen de 3 a 5 filas de celdillas, si no las abejas construirían sin orden. Las celdillas se recortan en forma sesgada hacia el cuadro, para que las abejas tengan el principio de construcción limpio. Si vamos a fijar una banda, hay que tener cuidado de que el incremento de pared de celdas colgadas se encuentre arriba en la parte superior y no en los laterales, ya que puede dar después una idea falsa de la colmena si tenemos que juzgar el desarrollo de la colmena según la expansión de lo construido.

Nos encontramos en primavera. Las primeras plantas de recolección, como por ejemplo el sauce, están terminando su fase de florecimiento. La colmena ha aumentado visiblemente y ha llegado el momento de poner el cuadro de construcción. Se cuelga al lado de la cámara de cría. Recomendamos colgar el cuadro de construcción en el mismo lugar en todas las colmenas o marcarlo con color o con una chincheta para los controles y no tener que molestar innecesariamente a la colonia para su búsqueda. Nosotros ponemos el cuadro de construcción como penúltimo panal hacia atrás. Así puede suceder que haya pequeñas recolecciones de miel, que pueden ponerse en el panal detrás del panal de construcción y que se puede retirar fácilmente del último cuadro.

Los controles de la colmena en primavera se realizan en días de Luz-Flor. Si ponemos hoy el cuadro de construcción y el tiempo favorece el crecimiento de la colmena, entonces dentro de nueve días, cuando hagamos el siguiente control, el cuadro de construcción tiene que estar relleno al menos hasta la mitad. Las colmenas fuertes pueden incluso tener ya todo el panal cubierto o construido. Puede suceder también que se hayan colgado abejas del cuadro de construcción, pero no se hayan puesto a construir. Reconocemos entonces que si las demás colmenas ya están construyendo, esta colmena se retrasa. Existen diferentes razones: la colmena es simplemente más débil que las otras. Se la puede fortalecer con panales de cría ya saliendo y abejas de una colmena más fuerte o bien la colmena tiene una reina vieja que ya no es capaz de mantener una colmena eficaz en su crecimiento. Si vemos que la reina parece tener un aspecto consumido y las alas en diente de sierra se puede deducir que las abejas la picotean y podemos suponer que no existe la armonía en esta colmena, ya que las abejas no aceptan totalmente a la reina. En estos casos, lo más razonable es rejuvenecer la colmena con una colmena más joven o con una colonia del año precedente.

Hay que observar bien los cuadros de construcción ya trabajados por las abejas. La construcción de las celdas tiene que ser absolutamente correcta, es decir las celdillas han de estar justamente arriba y no estar colocadas de cualquier manera al sesgo. Además la forma del panal, es decir el contorno, debe ser armonioso.

Estas observaciones pueden realizarse si los panales no están del todo construidos. No puede ser una construcción mixta, es decir unas celdillas de obreras mezcladas con celdillas de zánganos que se deben a la falta de armonía en la colmena. Esta irregularidad puede tener su origen en la relación entre la reina y las abejas o debido a grandes errores del apicultor, como cuando coloca en medio de la cámara de cría dos cuadros y divide a la cámara de cría cerrada en dos mitades.

Los cuadros de construcción se recortan durante el control, independientemente de cuánto han construido las abejas. Después de 9 días vuelve a controlarse el cuadro de construcción y en las colmenas en las que se haya estirado más de la mitad, colocamos un segundo cuadro.

El primer cuadro será ocupado por los zánganos, que permanecen en la colmena, lo que permitirá a ésta autorregular su necesidad de zánganos. El segundo cuadro de construcción se pone en el lugar del primer cuadro, se coloca a un lado respetando una distancia mayor con respecto a los panales vecinos. Si comparamos una abeja con un zángano, veremos que el zángano es bastante más largo que la abeja. El zángano necesita pues una celdilla más profunda que la abeja obrera para poder crecer. Esto tiene como consecuencia que los panales de zánganos necesitan más espacio que los panales de abejas.

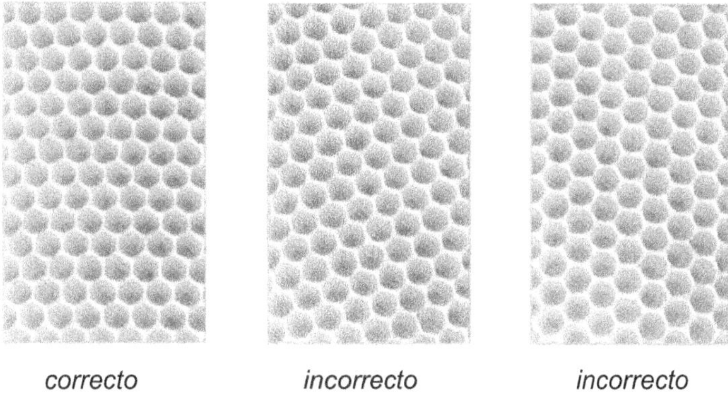

correcto   incorrecto   incorrecto

Si se descuida este hecho puede suceder que en primavera, cuando las abejas tienen necesidad de muchos zánganos, las celdillas de obreras sean recortadas para permitir la construcción de las grandes celdillas de machos y así unas importantes superficies de cría quedan inutilizables para su desarrollo.

Después de nueve días, volvemos a controlar el cuadro de construcción. Si entretanto ha comenzado el tiempo de enjambrazón y algunas colonias ya están enjambrando, podemos comprobar perfectamente en qué fase del proceso se encuentra a través del cuadro de construcción. Para eso quitamos este cuadro y retiramos a las abejas; para poder hacer bien el control lo primero que tenemos que constatar es cuánto han construido las abejas. Si el panal está completamente construido, nos concentramos en la cría, como ya hemos descripto en el capítulo de la enjambrazón. En el centro del panal hay larvas. El resto del panal tiene huevos, entonces se dice que las celdas están fecundadas.

Si las larvas están todavía secas significa que en la colmena, hablando con propiedad, la enjambrazón no ha comenzado. Si, por el contrario, se encuentran en un jugo espeso, hay que observar cuidadosamente a la cría y hacer pruebas puntuales para saber si hay realeras con huevos.

Si el cuadro de construcción no está enteramente construido los contornos de la construcción del panal no son armoniosos, pueden presentar un espacio cóncavo provisto de celdillas reales en construcción. En este caso podemos estar seguros de que la colmena está enjambrando. El criador de abejas tiene que decidir ahora si desea que se produzca la enjambrazón o bien frenar el instinto de formar el enjambre. También tiene que decidirse si quiere obtener reinas jóvenes de esta colmena o si quiere dedicarse a la cría de reinas.

Controlamos todos los cuadros con el fin de ver cuántas realeras hay que tengan huevos. Ya que no se puede ver la edad de los huevos, tenemos que deducir por su exterior que tienen tres días. Si acaba de salir una pequeña larva de una realera, entonces podemos suponer que tiene 4 días. ¿Qué nos indican estas cifras? Una reina necesita desde la puesta del huevo hasta la eclosión de unos 15 a 16 días. El proceso que sigue es el siguiente: la fase del huevo es de tres días, la fase de larva dura de cinco a seis días y el tiempo necesario para la operculación es de siete a ocho días. Las diferencias de tiempo de evolución se deben a las oscilaciones de temperatura que puede haber durante el proceso. Las celdas reales (celdillas del enjambre) se suelen colocar generalmente en las zonas periféricas. Si sucede un cambio brusco de clima, en el que bajan fuertemente las temperaturas del exterior puede suceder que las celdas del exterior no sean capaces de mantenerse a una temperatura caliente, apareciendo pequeños retrasos en el desarrollo.

Volvamos a la colmena en proceso de enjambre. Solo hemos encontrado huevos en las realeras. Suponemos entonces que han pasado los tres primeros días del proceso. La colmena va a enjambrar a partir del décimo día si el tiempo es propicio. El décimo día es el día en el que la celdilla real se opercula. Para la colmena es el momento de formar un enjambre. Para poder atrapar al enjambre, el apicultor volverá seis días después de la observación de los huevos y esperará. Si por razones climatológicas las abejas no están formando una enjambrazón, él volverá el séptimo u octavo día. No tiene que "mantener guardia" de la mañana a la noche, ya que el enjambre sale normalmente entre las 10h y las 13h. Solo cuando ha habido varios días de mal tiempo, las abejas pueden enjambrar también por la tarde. Cuando se forma un enjambre sucede lo mismo que cuando se hace el vuelo nupcial de la reina. Las abejas buscan un día de buen tiempo.

Cabe la pregunta de por qué enjambra una colmena justo cuando las primeras celdillas del enjambre están operculadas. Generalmente se suele decir que es cuando la colmena sabe con seguridad que las abejas que se quedan van a tener una reina, ya que con el enjambre vuela la abeja madre. Rudolf Steiner tiene sin embargo otra visión. El explica que el huevo que se ha puesto en la realera, empieza a brillar. Esta luz brillante que el ser humano no puede ver, puede verla la abeja. Ella tiene, además de sus ojos compuestos, otros tres ojos pequeños que se encuentran en la frente encima del nacimiento de las antenas. De estos pequeños ojos no sabemos mucho. En parte se dice que son ojos que han degenerado. En los ensayos que se hicieron hace años solo pudimos constatar que al tapar estos pequeños ojos, las abejas volaban por la mañana más tarde y por la tarde volvían antes. Se llegó a la conclusión que las abejas necesitan esos ojos para poder volar en la naturaleza en la fase del crepúsculo.

Rudolf Steiner explica que las abejas pueden percibir con la ayuda de estos tres ojos el resplandor de un huevo de futura reina. Decía que esta luz es insoportable para las abejas. La luz de esta reina en devenir disminuye de día en día hasta el momento de la operculación de la celdilla. Se tiene la impresión de que la abeja está bañada en una atmósfera de la que ella se liberará en el momento de la enjambrazón, cuando la luz disminuya. Si observamos una colmena que desea formar un enjambre, veremos muchas celdillas reales. Una colmena no solo puede formar un enjambre, lo que hace parecer que una determinada parte de la colmena se decide por una realera para luego formar enjambre solo con la reina por la que se ha decidido.

La colmena debe enjambrar, pero tienen que obtenerse reinas jóvenes

Controlamos de nuevo la colmena que se está preparando para formar el enjambre y vemos qué edad tienen las reinas que están naciendo. De esta manera calculamos el día de posible enjambrazón. Un día antes de que se forme el enjambre recogemos toda la cría. En la cámara de cría vacía colgamos panales marrones claro y un panal de cría operculado con una reina. En este panal de cría se quedan las abejas que estaban. Pero no puede haber ni celdillas de enjambre ni realeras. Controlamos también la cámara de miel para estar seguros de que no hay celdillas reales, en cuyo caso las retiramos. La cría que hemos sacado ya no tiene reina, se prepara para funcionar como injerto pero hemos de dejarlo en el colmenar, ya que las abejas pecoreadoras vuelven a su colmena y de este modo trabajan produciendo miel, a pesar de haberles quitado toda la cría con las abejas jóvenes. Esta es una posibilidad de impedir la enjambrazón.

Realera: podemos ver perfectamente su forma redonda como un sol

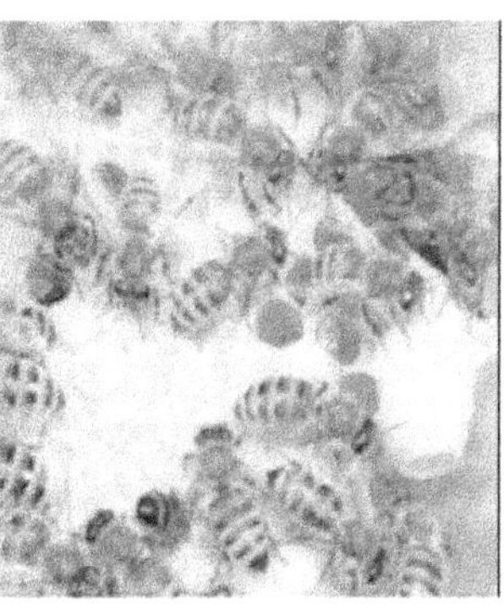

Realera terminada

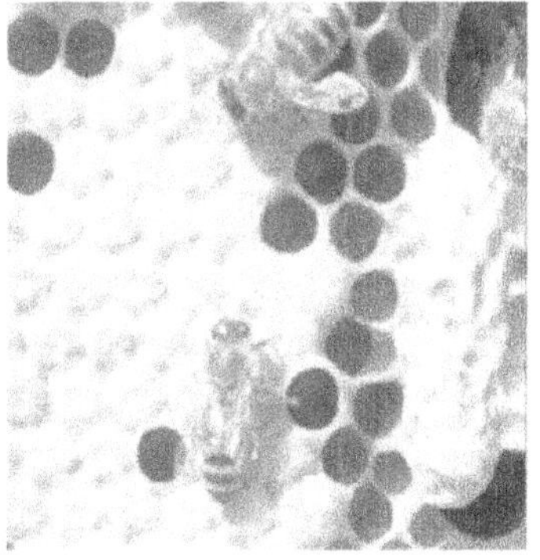

Celdilla real escondida

Celdilla real escondida

Realera construida sobre un panal de obrera.

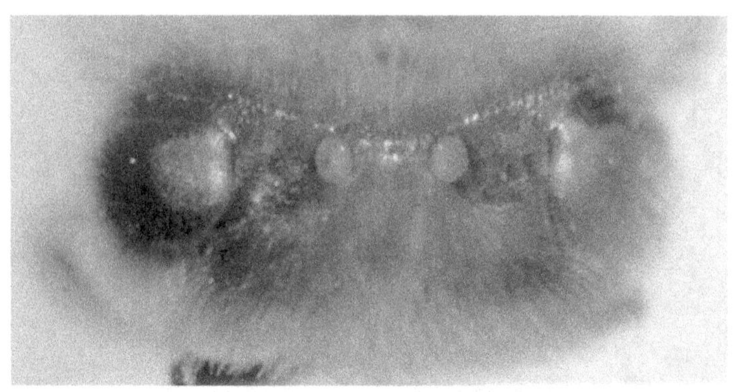

Ojillos superiores y ojillo en la frente

Algunos apicultores encuentran este método demasiado complicado y no quieren volver, pasados unos días, a comprobar cómo se encuentran las realeras con huevo y retirar la cría. Así se hizo famoso el método de un apicultor que ha elegido el camino más rápido para rejuvenecer las reinas. Tan pronto constataba que sus colmenas estaban próximas a enjambrar y encontraba realeras con huevos, quitaba a estas colmenas simplemente la reina y podía estar seguro de que estas colmenas no iban a enjambrar. Es un método sencillo para cortar el proceso de enjambrazón. Después de varios años, en los colmenares de este apicultor empezó a extenderse una enfermedad bastante desagradable: la cría calcárea (calcificada). Las colmenas estaban tan debilitadas que esta enfermedad tomó el carácter de una epidemia. Los expertos que se consultaron no entendían de dónde podía provenir la cría calcárea. Después de haber hablado detalladamente con el apicultor de la práctica utilizada por él mismo, el señor Ernst Perkiewicz encontró en aquel entonces el error cometido. El gran fallo fue que este apicultor provocaba tal disturbio en las colmenas al cortar el instinto de enjambrazón, que esto a lo largo de varios años hizo que las colmenas se debilitaran enormemente, propiciando el terreno a la cría calcárea.

¿Cómo podemos entender que al cortar demasiado pronto el instinto de enjambrazón se produzcan tales disturbios en las colmenas?

Si volvemos a ver la explicación del brillar de las reinas que están creciendo, podríamos encontrar una respuesta. Parece que las abejas solo pueden soportar este brillo en presencia de la reina madre. Si retiramos a la reina en ese momento en el que comienza el brillo, podemos imaginarnos que también quitamos a las abejas un contrapeso para poder soportar este fenómeno. Y si esto sucede durante generaciones, se va debilitando la colmena, de tal manera que la cría calcárea encuentra el cultivo ideal para extenderse. Si la colmena puede descargarse en un proceso de liberación armonioso mediante la enjambrazón, no aparece este debilitamiento. Nos queda la pregunta de qué pasa con el resto de la colmena que ya no tiene el contrapeso en forma de la reina madre. Existen otras leyes de la naturaleza que todavía no conocemos lo suficiente. Si esperamos a retirar a la reina de la colmena que se prepara para enjambrar hasta que la primera celdilla de enjambre esté operculada, entonces no aparece la cría calcárea.

También es importante que no nos llevemos solo a la reina sino también a parte de la colmena, para que en la colmena que queda suceda algo parecido como cuando enjambra. Pero con este método también quitamos a la colmena la experiencia del enjambre que parte. En este caso no podemos hablar de un reemplazo real de enjambrazón sino de una solución de urgencia que, a la larga, si siempre se practica provoca un debilitamiento de la colmena que de momento desconocemos. Nosotros solo sabemos que nuestras abejas son muy delicadas.

A menudo se dice que es el medio ambiente la causa de este debilitamiento, que provoca enfermedades. Quizás podría desaparecer gran parte de este debilitamiento si intentásemos comprender mejor el ser de la abeja.

No debe producirse la enjambrazón y las celdillas del enjambre no se usan para nuevas reinas

La colmena muestra que está de nuevo preparándose para formar enjambre. En este caso, como ya hemos dicho, se toma a toda la cría dejando solamente la reina sobre un cuadro de cría operculada con unas abejas. El espacio vacío en la cámara de cría se vuelve a utilizar con panales marrón claro. No tiene mucho sentido poner unos cuadros de cera estampada en vez de panales marrón claro, ya que las abejas jóvenes cuyas glándulas de cera están desarrolladas han sido retiradas con la cría y a la colmena le faltan las abejas constructoras. Las abejas mayores pueden volver a poner en funcionamiento sus glándulas, pero habría que quitarlas del grupo de abejas pecoreadoras, con lo que la producción de miel de tal colmena bajaría mucho.

Se coloca la cría retirada en unas colmenitas cerca del apiario para que puedan volver las abejas pecoreadoras. Se pueden distribuir por supuesto en varios injertos o enjambres artificiales, siempre que se tenga en cuenta que los injertos tengan por lo menos dos celdillas reales. Las reinas que salgan serán sustituidas en verano por dos reinas criadas. Es decir, si no queremos rejuvenecer una colmena o sustituir una reina con una reina de enjambre, dependemos entonces de la cría de reinas o comprar una reina ya criada.

Dirigir o impedir la enjambrazón

Muchos apicultores, por la situación geográfica de su apiario o debido al tiempo que pueden invertir en las abejas, están obligados a manejar o saber impedir la formación del enjambre. Estos apicultores no practican una multiplicación natural sino que usan diferentes posibilidades que ofrece la cría artificial de reinas.

Un ejemplo: un apiario se compone de 20 colmenas que están abrigadas en un colmenar cubierto. Las colmenas disponen de reinas criadas. El apicultor no desea que se formen enjambres, ya que por el día él no está en el apiario. Además si él no tiene la posibilidad de poner unas colmenitas de fecundación fuera del colmenar la fecundación de las jóvenes reinas será muy aleatoria, pues la reina debe volar muy alto y debe volver a encontrar su colmenita al regresar. Bajo estas circunstancias, está obligado a impedir la formación de enjambre como pueda.

Surge el instinto de formar enjambre en algunas colmenas, como ya hemos descripto. Hemos encontrado realeras con huevos y larvas, a veces celdillas con cresas redondas.

El método más sencillo sería recortar todas estas celdillas reales, sea cual sea su fase de desarrollo. De esta forma podemos impedir el instinto de enjambrazón visible por las realeras. Pero de esta manera tampoco hemos ahogado el instinto de enjambrazón de las abejas. La colmena empezará rápidamente de nuevo a construir y a cuidar realeras. Si el apicultor realiza un control una semana más tarde, va a ver a la misma colmena con celdas reales en diferentes estados de crecimiento. También las abrirá. Puede que una semana más tarde ya no encuentre realeras en esta colmena. El apicultor está contento pensando que ha hecho lo correcto. Solamente cuando recoja la cosecha de miel y observe el comportamiento de las abejas podrá constatar que sus colonias no están completamente en orden. Pensará que la escasez de la cosecha se debe a la reina, ya que es la explicación más sencilla y así lo ha oído de otros apicultores. Que la falta se debe a un error en el método es algo que la mayoría de los apicultores que lo practican, no quieren oír.

¿Qué es lo que se ha hecho mal? En el apartado donde hemos hablado sobre la evolución de la enjambrazón hemos descripto las razones por las que puede surgir la formación de enjambre. El instinto de enjambrazón termina cuando sale el enjambre o cuando retiramos la reina y parte de la cilia. Si solo quitamos a las realeras, entonces queda el instinto de enjambrar y la colmena vuelve a construir realeras para la enjambrazón. Si recortamos (desoperculamos) las celdillas reales, se impide de una forma violenta la enjambrazón, lo que puede con toda seguridad, después de cierto tiempo, detener las ganas de enjambrar. Esto es una especie de capitulación que también provoca la baja recolección de miel y aumentará la agresividad de las abejas.

Si nos vemos obligados a cortar el instinto de enjambrazón, entonces es mejor si aprovechamos otros métodos para impedirlo, para poder conservar la armonía en las colmenas. Tenemos por ejemplo cajones más grandes, con los que podemos ofrecer más espacio para su desarrollo al principio de la enjambrazón. Otra posibilidad es buscar abejas que no enjambren tan fácilmente. Si queremos cambiar a cajones más grandes tenemos que hacer una fuerte inversión, que no todos los apicultores pueden hacer.

Si pensamos elegir otro tipo de abeja, tenemos que pensar en nuestro vecino apicultor. Si estamos en una región de crianza pura, puede suponer un peligro para el largo proceso que requiere la cría de este tipo de abejas. Si sabemos que el vecino practica la fecundación de sus abejas según un modelo, sería de poco compañerismo por nuestra parte si ponemos en peligro su éxito con una nueva abeja. Recomendamos aclarar con los apicultores vecinos qué tipo de abeja pueden elegir sin ningún problema.

Existe una posibilidad de dirigir y regular el instinto de enjambre. Consiste en regular el volumen de la colmena para poder influir en todas las abejas.

Algunos de los apicultores de mayor edad de los países germanos recuerdan quizás el método ventosa de Ernst Perkiewicz. Este método se desarrolló sobre todo para las colmenas de abertura anterior. Ernst Perkiewicz realizó bajo ventosas la retirada organizada de algunas abejas jóvenes y la cría. Mantiene a la colmena con el rendimiento máximo posible mediante un debilitamiento, sin que las abejas caigan en el instinto de enjambrazón. Este método es el que sigue.

Como la colonia quiere enjambrar, las larvas tienen demasiado jugo. En este momento, retiramos a las abejas del cuadro de construcción u observación y de un panal de cría no operculada, es decir provisto de huevos y larvas. Estas abejas se cepillan con una pluma en el cajón ventosa. Hay que tener cuidado de no cepillar también a la reina.

Si la colmena ya tiene realeras con huevos, quitamos a las abejas del cuadro de construcción y de dos panales de cilia no operculados y se las cepilla. Siempre tenemos que escoger abejas jóvenes que están desarrollando las glándulas nutritivas y que en ese momento están activas como abejas alimentadoras y cuidadoras. Además quitamos un panal, incluso mejor dos panales de cría recién operculados y ponemos en su lugar panales marrón claro. Estos pueden servir para un nuevo pollo y así las abejas cuidadoras pueden soltar en los próximos días todo su jugo.

Los cuadros de cría serán escogidos entre unos cuadros recientemente operculados, pues estos no tienen ya necesidad de los cuidados de las nodrizas hasta la salida del huevo. Reconocemos a los panales recién operculados por el hecho de que la cría está operculada desde el centro del panal hacia la periferia, así en la orilla quedan aún celdillas abiertas. La reina va poniendo los huevos en espiral desde el centro del panal a la periferia. En el centro están los huevos de más días y en el borde los más recientes. Por eso las celdillas del centro estarán operculadas en primer lugar. Sin embargo es necesario cortar, desopercular todas las realeras tengan o no huevos.

Si la colmena ya está avanzada en su preparación para el enjambre, todas las celdillas de reina tienen cresas o incluso encontramos celdillas operculadas, entonces solo nos queda la opción de aplicar radicalmente el método ventosa. Hay dos posibilidades.

- Tomamos toda la cría, todos los panales de cría y devolvemos a la colmena solo la reina y las abejas que había en los panales. El espacio vacío que queda se llena con panales marrón claro o blancos.

- Se busca a la reina y se retira. Se retira igualmente de dos o tres panales de cría en los que las larvas estén saliendo de los huevos más las abejas y se forma así un pequeño enjambre artificial. La cría que está saliendo la reconocemos porque en el centro de un panal operculado vemos cómo salen las primeras abejas. Podemos suponer que las celdillas de reinas de más tiempo no están tan bien cuidadas, por lo que sacamos todas las celdillas de reina, salvo las realeras con huevos y larvas recientemente puestas. El instinto de enjambrazón se apaga en la colmena y las jóvenes larvas están cuidadas perfectamente.

Tenemos que preguntarnos qué hacemos con estas abejas o panales que hemos retirado. Si tenemos colmenas débiles podemos utilizarlos como injerto. Otra posibilidad sería la formación de injertos, si tenemos suficiente material para el método ventosa. Sobre la formación de injertos hablamos detalladamente en el apartado sobre "Multiplicación de la colmena".

Cajón ventosa

El cajón ventosa es una especie de cajón de injertos portátil. A un lado hay una gran rejilla a modo de ventilación, que puede cerrarse con una tapadera de madera. Debajo de la rejilla de ventilación hay una piquera que puede cerrarse. Al otro lado hay una gran abertura a todo lo largo, recubierta de un excluidor de reina sobre el que está fijado un embudo plegable de tal manera que las abejas sean recibidas. Se pueden cepillar las abejas de la rejilla. Desde allí van al cajón a través del excluidor. Las reinas y los zánganos no entran en el cajón de ventosa. Si cerramos el embudo, cerramos al mismo tiempo toda la superficie con rejilla. Si hemos cepillado de la rejilla abejas jóvenes podemos controlar poco después si no hemos cepillado también a la reina. Suele estar volando a lo largo de la rejilla. Después de este control podemos cepillar abejas de otra colmena.

Para que las abejas vayan bien al cajón de ventosa, lo colocamos de tal manera que la luz entre por el embudo. De esta manera obtenemos el efecto claro-oscuro. La abeja busca siempre la oscuridad, rápidamente va a abandonar el embudo y correrá hacia la oscuridad del cajón, a través del excluidor. La rejilla de ventilación tiene que estar totalmente cerrada con la tapadera de madera para mantener totalmente oscuro el cajón.

Si tenemos muchas colmenas que tenemos que pasar con el cajón ventosa, puede ser una ayuda si tomamos una reina suelta y la colocamos en el lugar previsto en el cajón de ventosa. Las abejas que entran en el cajón encuentran a la reina rápidamente y se cuelgan en enjambre a su alrededor. Sin tener que cerrar continuamente el embudo, tenemos así la posibilidad de poder dejar entrar abejas durante horas. Si no hemos puesto una reina, a más tardar una hora después las abejas jóvenes buscan a su reina y el efecto claro-oscuro pierde su fuerza. Esto lo notamos porque las abejas salen del cajón por la rejilla y buscan nerviosas a su reina por el embudo, dificultando así el trabajo que queda todavía por hacer. Estos cajones ventosa son muy útiles también para formar artificialmente enjambre. Ya que tiene una piquera, puede utilizarse de vez en cuando como cajón para injertos.

El método de la ventosa requiere mucho esfuerzo. Necesita unas colmenas preparadas para recibir las abejas y los cuadros que habremos retirado. Si tenemos suficiente material, se puede usar para hacer injertos o enjambres artificiales. Los trabajos de ventosa se realizarán en días de Luz-Flor o en días de Calor-Fruto.

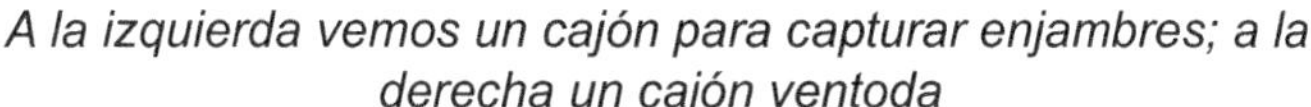

A la izquierda vemos un cajón para capturar enjambres; a la derecha un cajón ventoda

Este método es para aquellos apicultores que no quieren enjambrazón. No es el método que más guste a las abejas, a pesar de que para ellas es más agradable que el consistente en recortar las celdillas reales para impedir la enjambrazón. Si aplicamos bien esta técnica podemos tener buenas recolecciones de miel. Las abejas se muestran tranquilas y las colmenas se desarrollan positivamente. Es la razón por la que hasta nuestros días se mantiene este método.

REJUVENECIMIENTO Y MULTIPLICACIÓN DE LAS COLMENAS

Rejuvenecer las colmenas significa, cuando por diferentes razones una colmena escoge una nueva reina joven, cuando introducimos una reina joven en una colmena o cuando colocamos un injerto con reina en una colmena. Multiplicar la colmena significa, cuando mediante un enjambre, mediante injerto o enjambre artificial, agrandamos la colmena, es decir aumentamos el número de abejas.

El rejuvenecimiento puede producirse de forma natural o con ayuda humana. Existen tres posibilidades para que una colmena pueda cambiar a una reina joven. Distinguimos entre: reina de enjambrazón, reina de renovación o cambio y la reina de salvación que ha nacido de la larva de una obrera.

- La reina de enjambrazón aparece cuando la colmena comienza el enjambre y en el curso del proceso, cría de una a dos docenas de reinas. A las reinas, según van creciendo no se las trata igual. Lo vemos por el diferente tamaño de las reinas. El rejuvenecimiento se produce cuando la reina madre sale a enjambrar con parte de la colmena. En las abejas que quedan en la colmena, una de las reinas sale de la celdilla y así se produce el rejuvenecimiento.

- La reina de renovación o cambio es cuando por la razón que sea, una colmena ya no está contenta con su reina. En este caso la colmena cría dos o tres reinas. El tiempo de cambio suele ser en verano u otoño. Tenemos la impresión de que la colmena cuida mucho a estos huevos de reina. En estas colmenas, sucede una situación única y es que durante un cierto tiempo coexisten dos reinas con cría propia cada una, sin que peleen entre ellas. En algún momento la vieja reina madre se irá y morirá.

- La reina de salvación nacida de una larva de obrera nace en situaciones de urgencia, excepcionales, cuando las abejas no tienen otra posibilidad de tener una reina. La Naturaleza nos muestra algo significativo. A la abeja se le ha dado la posibilidad de criar una reina a partir de una larva de obrera, cambiando solamente la forma de la celdilla y la alimentación de la larva. Esto sucede cuando alguna vez desaparece la reina de la colmena. Una colmena así moriría después de pocas semanas, cuando las últimas abejas hubieran alcanzado el final de su vida. Para solucionar el problema, las abejas buscan algunas larvas de obrera y roen un poco las paredes de las cedillas en las que están las larvas. Es decir: las celdillas hexagonales se redondean, ya que las reinas solo crecen en celdas redondas. Las larvas se alimentan exclusivamente de jalea real y así transformadas darán nacimiento a unas reinas.

Estas reinas obreras no parecen ser consideradas reinas completas, ya que siempre observamos que a más tardar al año siguiente son sustituidas por una reina de renovación o cambio. Se suele argumentar que la colmena no escoge larvas jóvenes sino larvas de más días, para poder criar rápidamente una reina, que sin embargo no es tan valiosa como una reina de una larva joven. La edad de la larva condiciona el número de canales de los ovarios. Cuanto mayor es una larva obrera que tiene que llegar a ser reina, tanto menos canales para huevos desarrollará en el ovario. Esta explicación es bastante lógica. Pero hay que preguntarse: ¿por qué, en un caso así la Naturaleza no deja que la abeja críe reinas a partir de larvas jóvenes? ¿Hay un error en la Creación? Esta posibilidad no tenemos que pensarla, ya que errores de este tipo solo le suceden al ser humano. La razón verdadera tenemos que buscarla en un campo completamente diferente.

Si observamos las celdas de las reinas de enjambrazón o de renovación, observamos que desde el suelo son redondas. El huevo se deposita en una celdilla que ya es redonda desde el principio. Esta celda redonda, en el curso del desarrollo de la reina, forma una saquito redondo que tiene la forma de una uva. Ahora bien, en las reinas nacidas de obreras el huevo se deposita en una celda hexagonal, ya que estaba previsto que naciera una obrera de ella. Después de tres días sale una larva. Esta larva es escogida por las abejas para que de ella salga una reina. Es decir que la futura reina ha crecido cinco o seis días en una celda hexagonal y no desde el principio en una redonda. Si reconocemos que según las diferentes formas atraemos fuerzas distintas, entonces entendemos que la reina que desde el principio se ha criado en una celda redonda ha absorbido otras fuerzas que la que un tercio de su crecimiento lo ha pasado en una celda hexagonal. Tenemos que añadir que la abeja puede redondear las paredes de la celda de la larva obrera pero no la base de la celda, que mantiene su forma hexagonal.

Sobre la influencia de estas fuerzas formadoras hablaremos más detalladamente en el apartado sobre la construcción de panales, así como en el capítulo sobre la miel.

En resumen podemos decir que la reina que nace de una obrera es una solución sabia de urgencia que nos da la Creación.

Otra posibilidad para rejuvenecer la reina es una reina de crianza. Es una posibilidad dirigida y controlada por la mano humana, criar reinas en grandes cantidades. Al respecto hablaremos en la cría de reinas.

Multiplicación natural de la colmena

La multiplicación de la colmena puede suceder de forma natural o puede estar influida o practicada por el ser humano. La multiplicación natural de la colmena solo puede suceder a través de la enjambrazón. Cuantas veces quiera dividirse una colmena mediante el sistema de formar enjambre, depende de las abejas de la colmena. Hay colmenas con un fuerte instinto de formar enjambres que después del primer enjambre, en el que vuela la reina madre, forma dos y tres enjambres más y en casos extremos incluso más. Otras colmenas más tranquilas se conforman con un solo enjambre. Si deseamos una multiplicación natural, solo es posible mediante la enjambrazón.

Como ya hemos descripto en el capítulo sobre la enjambrazón, la multiplicación a través de la enjambrazón ya no es el caso normal. Una excepción son los apiarios que se han especializado en la multiplicación mediante enjambrazón intensiva. ¿Qué hay que hacer cuando se forman enjambres? ¿Cómo desean ser tratados? Cuando ya hemos vivido la enjambrazón, sabemos que las abejas reaccionan de forma muy sensible. Si en la preparación de la enjambrazón el apicultor comete errores graves, las abejas se lo cobran yéndose volando. Al igual que cuando regulamos el instinto de enjambrazón, es necesario que intentemos comprender el enjambre para tratarlo correctamente.

Supongamos que la colmena número 7 ha enjambrado y que el enjambre se cuelga de un árbol. Si no tenemos experiencia con enjambres, debemos fijarnos en el lugar donde se ha colgado el enjambre para poder colgar después un atrapaenjambres con el que será más fácil atrapar dicho enjambre. Rociamos agua con un pulverizador al enjambre que se ha colgado del árbol, con el fin de nublarlo, para que se tranquilice y se contraiga un poco. Para atrapar el enjambre utilizamos un cesto de enjambre o un cajón de enjambre. Lo colocamos debajo del enjambre que descolgamos con la piquera totalmente abierta. Si la reina ha entrado al cajón, observamos que las abejas comienzan a volar alrededor de la piquera ventilando y moviendo la cola. Emiten, por medio de sus glándulas de Nasanov, un olor en el aire, por el que llaman la atención a las abejas que todavía vuelan alrededor para que puedan sumarse al enjambre descolgado. Si después de poco tiempo, es decir después de media hora vuelven a salir todas las abejas del cajón, significa que al descolgar el enjambre la reina no ha entrado en el cajón. El enjambre vuelve a formarse allí donde esté la reina. Hay que volver a descolgarlo. Por la tarde se puede cerrar la piquera para poder dejar suficiente aire al enjambre. Después se coloca en un sótano tranquilo, seco y oscuro. En el cajón del enjambre hay suficiente ventilación gracias a las rejillas de ventilación. Para cerrar la cesta, se puede tener un tejido de lino sujeto con una cuerda o con un elástico y se tensa encima de la abertura del cesto. El cesto ha de estar colocado de tal manera que entre suficiente aire en el interior a través de esta tela. Dejamos al enjambre unas 24 horas en la oscuridad. Durante este tiempo madura. Esto lo reconocemos porque adquiere la forma armoniosa de un racimo de uvas.

Si queremos seguir cuidando correctamente el enjambre, entonces cambiamos el cajón o cesto de lugar. Es decir, no vuelve a ponerse en el lugar donde lo hemos atrapado sino que se prepara un cajón para el enjambre cuyas paredes se han limpiado, raspándolas con el cincel de palo y después se flamean por la llama. De esta manera caen los restos de cera y suciedad y eliminamos agentes patógenos además de derretir la resina pegada, lo que hace que este cajón huela a gusto de las abejas. Si metemos a un enjambre en una colmena sucia que huele a enmohecido, es muy probable que no les guste a las abejas y lo más pronto posible se vuelvan a ir, es decir, se escapen.

Esta colmena cajón debe constar de dos espacios, uno encima del otro. En el espacio superior se colocan unos cuadros construidos, unos cuadros de cera estampada y si queremos que el enjambre construya libremente, se colocan unos cuadros de construcción que se fabrican igual que los que ya hemos mencionado en el capítulo sobre instinto de enjambrazón y cuadros de construcción. Para poder dar suficiente número de cuadros al enjambre, lo pesamos y calculamos dos panales o marcos por cada 500 gr de abejas. El espacio de abajo lo dejamos vacío. Este espacio sirve para que el enjambre que hemos descorchado en este espacio tenga suficiente espacio para colgarse debajo de los panales o cuadros, para después, a su gusto, ocupar los panales encima de él. La experiencia ha demostrado que los enjambres aman mucho colgarse antes de ser separados por panales o cuadros. Si ponemos cuadros al enjambre, aprovecharemos los días de Tierra-Raíz para estimular la construcción. Después de varios días, cuando el enjambre se ha desplazado al espacio superior el apicultor coloca este cajón en la parte de abajo. Esta operación puede realizarse en días de Tierra-Raíz para fomentar de nuevo la construcción.

Si en el momento en que se atrapó al enjambre no había suficiente néctar en el ambiente, el segundo día después de haber atrapado al enjambre alimentaremos a las abejas por la tarde mediante agua con miel o con azúcar, para que no pasen hambre y puedan seguir construyendo. No debemos dar este alimento inmediatamente, ya que el enjambre suele partir con suficiente néctar en sus cestillos. Si las alimentamos al principio, la probabilidad de que partan es grande. El enjambre necesita muchas fuerzas para la construcción de panales, por lo que se aconseja añadirles en la comida alguna infusión para las abejas, como se recomienda que se haga también para el alimento de invierno. Cuando el enjambre ya ha terminado de construir los panales y se prepara para criar, tan pronto llegue el tiempo de recolección tenemos que facilitar a la colmena una cámara de miel o una segunda cámara de cría. Si las condiciones son buenas el enjambre puede producir todavía una buena cosecha.

El apicultor tiene que tomar entonces la decisión de lo que debe hacer con la colmena que ha formado enjambre. Si es un apicultor de praderas, es decir de recolección tardía, acepta con gusto el enjambre. Si desea muchas colmenas, esperará otros enjambres. La colmena que ha enjambrado puede reaccionar de manera totalmente diferente a lo que desea el apicultor. Si tiene abejas que solo se conforman con un enjambre, no se formarán más enjambres aunque la colmena haya construido decenas de celdillas reales. ¿Cómo demuestra la colmena al apicultor que ya no quiere enjambrar?

El apicultor tiene que volver a hacer un ejercicio de cálculo. Él sabe que el enjambre ha volado un día después de la operculación de la primera celdilla real, es decir al décimo día del desarrollo de la larva real. De ésta sale la reina pasados cinco o seis días, después de que se haya ido el enjambre. Si el apicultor va en esos días al apiario, especialmente por la tarde cuando todo está tranquilo afuera, entonces podrá escuchar un tono repetitivo y suave. Parece como si en la colmena alguien produjera un tono alto en cortos intervalos de tiempo, que suena como el "tu-tu" de la sirena de un barco. De hecho se llama el toque sirena. Este tono lo produce la primera reina que sale de su celdilla. Si tenemos la suerte de ver esta escena con la colmena abierta veremos que la reina corre por el panal, presionando el mismo al apoyar bruscamente su cuerpo contra él. Esto hace que el panal oscile y de esta manera se produce el sonido de sirena. Este sonido es una llamada para que las demás reinas que tienen que salir de sus celdillas todavía operculadas, den una respuesta. La reina se dirige hacia cada celdilla que da una respuesta, que produce un sonido como el croar de una rana. La reina muerde un tercio de la celdilla y pincha a su rival y la mata. Suena bastante cruel, pero es el comportamiento natural cuando una colmena no va a formar de nuevo enjambre.

Si sabemos que las abejas reaccionan a los ritmos cósmicos, cabe preguntar si la enjambrazón depende de determinadas constelaciones. Por nuestra experiencia suponemos que ha de haber tal dependencia pero tenemos que seguir observando todavía, ya que debido a un percance que tuvimos, esta suposición se confirmó; un percance que sorprendería enormemente a cualquier apicultor.

Uno de nuestros colmenares que tenía 20 colmenas fue descuidado un año por otras necesidades más urgentes. Durante tres semanas no se controló. Cuando pudo hacerse el primer control hicimos una observación muy interesante, que a pesar del perjuicio ocasionado nos dio una alegría. De estas 20 colmenas, 18 habían formado enjambrazón. Esto era un gran daño, ya que esos 18 enjambres habían volado. De estas 18 colmenas que habían enjambrado, 15 no querían una segunda enjambrazón. En las 15 colmenas "tocaba la sirena". Ese día, a pesar de la pérdida de los enjambres estábamos felices de esta experiencia. Solo bastaba abrir una colmena y ya se escuchaba a la reina. Hasta ahora no habíamos presenciado algo parecido en tal medida. Pero este hecho demostraba que todas las colmenas habían formado enjambrazón al mismo tiempo y, con toda seguridad debido a estar bajo una constelación determinada, que todavía hemos de observar en más repeticiones.

Cuando uno tiene una experiencia única no puede evitar pensar, que precisamente en ese momento "el SER" de las abejas nos había invitado para poder tener esa experiencia. Uno o dos días después esta experiencia no hubiera sido posible.

Enjambre primario en la colmena madre

Cuando hay una buena época de recolección y queremos sacar un rendimiento de la colmena en enjambrazón, utilizaremos el método de enjambre primario en colmena madre. Tenemos que tener claro que este método no corresponde al SER de la abeja, ya que el enjambre no desea volver a la colmena de la que partió.

Como en el apartado anterior, manejamos el enjambre. Es decir, se atrapa, se coloca en un sótano y al día siguiente se le traslada por la noche. Se procede de la manera siguiente: la colmena de donde ha salido el enjambre se coloca en otro lugar del colmenar. En el espacio que queda libre se coloca una colmena limpia en la cual se introduce el enjambre como ya hemos descripto.

Todas las abejas pecoreadoras de la colmena madre volverán al día siguiente por la mañana a recuperar el emplazamiento primario y a reforzar el enjambre. Ya que queremos aprovechar la recolección momentánea, después de dos o tres días colocamos la cámara de miel de la colmena madre en la colmena del enjambre. El enjambre ha adquirido otro olor debido a la nueva colmena, entonces rociamos agua de tomillo en la colmena del enjambre y en la cámara de miel de la colmena madre que introducimos. Con este método, la unión funciona sin problema. Quien tenga miedo, toma papel de periódico con 10 o 20 pequeños orificios hechos con un clavo o bolígrafo y coloca el papel entre el enjambre y la cámara de cría ocupada. El intercambio entre las abejas del enjambre y las abejas de la cámara de miel es armonioso. Con este método, el enjambre puede obtener una buena cosecha de miel.

Algunos apicultores no desean el enjambre en el árbol. Cuelan la reina mediante una rejilla y deja que vuelvan las abejas a la colmena madre. Esto solo es posible si el enjambre no ha estado ya una noche fuera en racimo. Es decir, las abejas vuelven si el día en que se cuela a la reina del enjambre es el día que ha salido el enjambre. Si ya ha estado colgado una noche del árbol, seguramente que ya se ha separado totalmente de la colmena madre. Un enjambre sin reina ya no encuentra el camino de vuelta a la colmena madre. Los apicultores dicen que las abejas olvidan el lugar del que han partido para formar enjambre. Un enjambre al que le hemos desprovisto de su reina, solo puede devolverse a la colonia a través de la piquera. Para ello tomamos una plancha de cartón o madera y la ponemos directamente delante de la colmena madre. Primero colocamos un puñado de abejas encima para ver si la colmena madre acepta todavía las abejas. Esto lo vemos cuando las abejas guardia-

Plancha de cartón

*Plancha de un soporte de
panales invertido*

nas de la colmena madre dan el visto bueno a las abejas del enjambre, correteando y trinando a su alrededor. Las abejas del enjambre se posan y mueven la cola. Podemos ir poniendo poco a poco todas las abejas del enjambre encima de la plancha para que vuelvan a la colmena madre. Este método tampoco es propio para las abejas y sucede con facilidad que, aunque falte la reina madre, esta colmena vuelva a formar enjambre. Las abejas del enjambre tienen que buscar un nuevo habitáculo y con este método se les impide hacerlo.

Multiplicación de la colmena dirigida por el ser humano

Si queremos dirigir la multiplicación de las colmenas tenemos dos opciones. Podemos utilizar la colonia de origen de donde el enjambre acaba de salir, usando para el injerto las celdillas reales restantes o bien criamos o com-

pramos reinas para hacer con ellas un injerto o colmena
de apoyo.

El injerto es fácil de realizar con unas colonias-madres
y es agradable para la abeja. Para esto queremos estimular el aumento de la colmena, por lo que estos trabajos
los realizaremos en un día de Luz-Flor. Si no fuera posible, podemos escoger un día de Calor-Fruto. La constitución del enjambre de apoyo o artificial debe hacerse
en un día de Luz-Flor.

Los panales de cría de la colmena madre se reúnen en
grupos de al menos tres panales de cría, o mejor más.
Cada grupo de panales de cría debe tener celdillas reales
en diferentes estados de crecimiento, es decir desde el
comienzo hasta las celdas operculadas. Para reducir al
máximo las posibles pérdidas por enjambrazón, cortamos las celdas operculadas con un cuchillo. Hemos de
retirar estas celdillas recortadas, aunque no sea importante la pérdida por una enjambrazón. Ya hemos comentado que el enjambre no trata por igual a todas las celdas
de reinas. Para obtener celdas de reina perfectamente
cuidadas, cortamos las celdas más avanzadas. En esta
colmena de apoyo o injerto, las abejas cuidarán bien de
las celdillas reales restantes que no están operculadas,
ya que tienen que organizarse para formar una nueva
colmena. Para estar seguros de tener buenas reinas, podemos desopercular de nuevo las celdas que tengan
cinco días o más. En el injerto han de quedar de todas
formas dos o tres celdillas reales, ya que puede suceder
que no salgan larvas de alguna celdilla.

Estos injertos o colmenas de apoyo se han formado
con panales de cría con celdillas reales. Si todavía tenemos panales de reserva, de polen y miel, se reparten
entre los grupos de panales de cría. Estos injertos deben
tener al menos seis panales con abejas. También hay que

preparar una reserva de alimentos, ya que el injerto va a dar sus abejas pecoreadoras. Si en la colmena madre no hay suficientes panales de reserva, entonces hay que tomar panales de alimento del armario de panales, que tienen que estar secos y llenos. Si no están realmente secos, existe el peligro del pillaje.

Para los injertos utilizamos cajones de injerto, que tienen que tener cabida para al menos ocho panales, utilizamos la cámara de miel de la colmena de abertura superior o de una colmena de cajones tomamos un cuerpo. Este espacio que se prepara para el injerto tiene que tener una tapadera y un suelo, como una colmena real. El injerto ya listo se coloca al lateral de la colmena. Las abejas pecoreadoras vuelan a la colmena madre y ayudan en la recolección de néctar. El injerto dispone de grandes superficies de cilia que tiene que alimentar y mantener calientes, guardando siempre un equilibrio exacto de temperatura; por esta razón necesita una gran cantidad de agua. Las abejas que traen agua son las abejas pecoreadoras que abastecen a la colmena madre. Para que el injerto no sufra de falta de agua, ponemos en uno de sus laterales un abrevadero con agua. Este recipiente no puede estar junto a los panales de cría sino que tiene que estar totalmente al borde, en la entrada, para que la cilia no sufra daños por enfriamiento. Con este abrevadero de agua las abejas pueden cubrir su necesidad de líquido.

Del injerto, pocos días después saldrá una reina. Todavía no está fecundada y tiene que hacer el vuelo nupcial. Para facilitar a la reina la orientación, es decir para hacer más fácil su vuelta a la colmena, podemos poner algo llamativo delante del cajón de injerto y dejarlo allí hasta que la reina esté fecundada. Debido a esta razón de orientación los injertos se colocan en el lateral del colmenar, ya que el peligro de pérdida de la reina en su vuelo nupcial es demasiado alto. Así por ejemplo, si tenemos un frente de colmenas, como vemos en algunos apiarios grandes cubiertos, tenemos que contar con un 50% de pérdidas de reinas que no vuelven a encontrar su colmena. Esto lo podemos evitar cuando los injertos cuyas reinas tienen que ser fecundadas, los colocamos individualmente y les ponemos una ayuda de orientación.

Cuando ya hemos recortado las celdillas, como hemos explicado antes y hemos preparado suficiente alimento para el injerto, lo dejamos entonces tranquilo durante tres semanas y no lo molestamos. Durante este tiempo la reina ha salido, ha sido fecundada y ya está poniendo huevos. Si molestamos al injerto demasiado pronto, puede suceder que las abejas hagan un ovillo con la reina y la llenen de picotazos. Para este fenómeno no existe ninguna explicación comprensible. Solo sabemos que no sucede si la reina ya se ha puesto a poner huevos. El hecho de que envuelvan a la reina como un

Objeto ayuda de orientación para la reina. En el segundo cajón, de izquierda a derecha, vemos una rama. Pueden servir también como objeto de orientación, una pila de cajones o una sombrilla.

ovillo puede tener la siguiente explicación. Ya que el enjambre se ha marchado con la reina madre, la situación en la colmena es delicada. Si en esta situación la colmena además se divide para crear injertos, entonces las abejas son más sensibles todavía. Tenemos que observar más en detalle la vida interior de un enjambre artificial.

Una colmena es un organismo vivo. Este organismo es menos sensible a las influencias exteriores cuando está completo y sano. Para ello necesita una reina fecundada que pone huevos de zánganos y de pecoreadoras. Este organismo se encarga también de la construcción de panales. Si falta uno de sus miembros o el organismo no está completo, entonces se vuelve sensible y la armonía de la colmena está en juego. Si hemos creado un injerto como hemos explicado ahora, podrá formar él mismo un organismo. Este proceso de creación se cierra cuando el injerto dispone de una reina fecundada que pone huevos.

Si realizamos un control demasiado pronto en el desarrollo armonioso de este organismo, las abejas envuelven en ovillo a la reina todavía incompleta y no fecundada. En algunos casos esto puede significar la muerte de la reina. Cuando intervenimos en el organismo de la colmena tenemos que hacerlo bajo un cuidado extremo del ser de la abeja. A la larga, podemos disfrutar de las abejas si intentamos comprenderlas y no violamos su mundo.

Multiplicación con reinas criadas

Las personas que trabajan con abejas tienen diferentes apodos. Se habla del "padre de las abejas", del "apicultor" y del "criador de abejas". Los términos de padre de abejas y apicultor son los más correctos, ya que denominan a alguien que se ocupa de las abejas.

El criador de abejas se refiere a una especialidad dentro de la apicultura. La palabra criador indica que cría, es decir que es algo especial, no es algo corriente. Es decir que solo se aplica realmente a los apicultores que se dedican a la cría.

En las formaciones actuales se ha ido tan lejos, que el apicultor no necesita ya una formación sino que uno se hace granjero de ganado y después adquiere la especialidad de apicultor. Desaparece el término de apicultor y se coloca en la misma categoría de pastor, porquero o pescador. Estamos creando una generalización sin imaginación, un "saco de oficios". El término más hermoso y correcto lo encontramos en las lenguas latinas. Con el término de apicultor indicamos que nos dedicamos a algo más que a la cría y cuidado de las abejas. El apicultor (apis y culto) del latín, cuida de la cultura de las abejas. Ya con el término, indicamos cómo es la actividad relacionada con el cuidado de las abejas. Y de hecho, volveríamos a practicar la apicultura si la actividad misma la elevásemos a un nivel de cultura de abejas. Esto tendría como consecuencia que el ser humano tendría que ver, no solo a cada abeja de la colmena que le aporta miel, sino que tendría que intentar reconocer la esencia de las abejas, es decir el "ser de la abeja" y respetarlo. En ese momento podemos hablar de "apicultor". Solo si conseguimos cuidar y guardar la cultura de las abejas, trataremos bien a la abeja y mantendremos la apicultura para las generaciones posteriores.

¿Qué tiene que ver todo esto con la multiplicación de las colmenas mediante la cría de reinas? Para poder responder a esta pregunta es necesario explicar el proceso de crecimiento de una reina criada. Cuando utilizamos el término de "reina criada" pensamos en la reina de crianza. Pero esto no es del todo correcto, ya que las reinas criadas se dividen en dos grupos. Las reinas criadas son de colmenas seleccionadas. Esto significa que la base proviene de una colmena que ha sido comprobada en sus cualidades y características externas durante largo tiempo, al menos dos años y se ha podido constatar que es la digna representante de su raza. El segundo grupo de las reinas criadas son reinas que nacen en la cría por multiplicación. Este es un tipo de reina cuya base proviene de una colmena que no ha sido especialmente controlada, que no tiene una línea de antepasados y simplemente al apicultor le parecieron buenas para la cilia. El proceso de desarrollo es para ambas el mismo.

Si queremos practicar la cría de reina, se habla normalmente de cría artificial de reinas, el apicultor tiene tres diferentes posibilidades para tomar la base de cría. La base de cría son larvas o huevos que pueden utilizarse para la cría. Este material puede provenir de huevos depositados en otras celdillas, que es el método más difícil. Como base de partida tenemos las larvas de las abejas obreras. Ya sabemos que cambiando la forma de su celdilla y cambiando su alimentación pueden hacer de ellas reinas.

Estas larvas de obreras tienen que ser muy jóvenes, de uno o dos días. Ya hemos hablado de las consecuencias que tiene la edad de la larva sobre la futura reina. Cogemos a la larva de su celda de obrera con una cuchara recoge-larvas; la mejor es la cuchara recoge-larvas suiza que está acodada y depositamos a la larva en una realera hecha por el apicultor con cera. Se ponen abejas cuidadoras a cargo de estas realeras. Generalmente son colmenas huérfanas o con reinas, pero adiestradas para este trabajo.

Otra posibilidad es recortar un trozo de un panal de cría bien provisto de larvas jóvenes. Después cortamos las celdas por la mitad con un cuchillo muy cortante que hemos pasado por la piedra para que esté muy afilado, obtener por una parte unos pequeños dientes y por la otra reducir la anchura de la hoja a la mitad. Con esta herramienta recogemos a cada larva con toda la celdilla. Estas celdillas se meten en unas cápsulas especiales de sujeción y se entregan a colmenas criadoras. Este cambio o corte de larvas tiene que hacerse cuando Venus y la Luna se encuentren ante una constelación de Luz-Flor. En esos momentos se obtienen los mejores resultados en la multiplicación de reinas. El siguiente camino hasta la reina fecundada lo explicamos en el capítulo sobre la cría de reinas.

Si las reinas fecundadas o las colmenas fecundadas están listas, podemos comenzar con la formación de colmenas de apoyo o injertos, es decir con la multiplicación de abejas con reinas criadas. Hay varias posibilidades para multiplicar las colmenas. A continuación describimos cuatro de estos métodos. Como impulso cósmico elegimos de nuevo un día de Luz-Flor. En caso de urgencia se puede pasar a un día de Calor-Fruto, la siguiente operación de trabajo se realizará sin embargo en un día de Luz-Flor.

Diferentes métodos para multiplicar la colmena.

1. Enjambre artificial.
2. Injerto/colmena de apoyo con cría operculada y una sola reina.
3. Injerto/colmena de apoyo con cría operculada y colonia de fecundación.

4. Injerto/colmena de apoyo con cría en todos los estados, colonia de fecundación o reina sola.

Enjambre artificial

Como ya indica el término se trata de la formación de un enjambre artificial. Necesitamos un peso de cocina, un cajón de enjambre o colmenita y un embudo de latón, que se coloca encima del cajón de enjambre para que podamos cepillar las abejas en el cajón. En este cajón de enjambre tenemos que instalar un dispositivo para poder poner la jaula de reinas para la fecundación. Al contrario que para la formación de enjambre, cuando formamos un enjambre artificial no puede ser en un día de Luz-Flor sino en un día de Calor-Fruto.

Cajón de enjambre con embudo

Como abejas podemos utilizar las abejas de la cámara de miel. Si por ejemplo tenemos 10 colmenas, podemos formar sin problema de tres a cuatro enjambres artificiales sin debilitar demasiado a las colonias. Cepillamos abejas de los cuadros de miel a través del embudo hasta obtener unos 2 kg de abejas en el cajón de enjambre. Si cepillamos abejas de diferentes colmenas entre ellas se aceptan, ya que se sacaron directamente de la colmena y no hay una reina entre ellas. Cuando cepillamos tenemos que tener cuidado de no cepillar también a la reina. Para que las abejas resbalen fácilmente por el embudo, se moja con un pulverizador de agua y así no se agarran. Luego empujamos un poco el cajón de enjambre para que las abejas que se han colgado en la parte inferior caigan.

Después desmontamos el embudo y cerramos el cajón de enjambre. Al final se coloca la jaula con la reina fecundada en el espacio para ello indicado y ponemos el enjambre artificial en una habitación fresca, tranquila y oscura.

Recomendamos practicar la formación de enjambres artificiales en tiempo de máxima recolección, para que no haya pérdidas de cosecha al quitar a las abejas de la cámara de miel. No debemos tomar reinas no fecundadas para la formación de enjambres artificiales o injertos, ya que raramente son aceptadas. Una reina es una reina completamente madura cuando ha sido fecundada. Parece que las abejas lo reconocen y tienden a enrollar en ovillo a la reina y picarla. Una excepción, en cambio, es la colonia llamada de fecundación. Pero esta es una unidad tan pequeña que muestra la excepción de la regla, aunque estas abejas también tienen en cuenta ciertos requisitos. El enjambre artificial se queda 48 horas en la oscuridad. Este es el tiempo que necesitan las abejas que hemos cepillado para desarrollar un organismo.

Para que las abejas que hemos cepillado puedan formar un enjambre artificial, tienen que pasar un proceso de maduración. El apicultor tiene ahora la oportunidad de observar cómo un enjambre inmaduro se vuelve maduro. Si miramos las abejas en el cajón de enjambre a través de la rejilla de ventilación, veremos que se han colgado en la periferia del cajón. Para "hacer crecer" las abejas hacia un organismo, se les da por la tarde un litro de alimento en el alimentador. Siempre se ha demostrado que la unión de las abejas puede ser influida positivamente mediante alimentación adicional. 24 horas después de la formación del enjambre artificial podemos ver ya si las abejas han aceptado a la reina que está cerrada en la jaula o no. Si las abejas se empiezan a formar en racimo de uvas, entonces ya están demostrando que desean crear un organismo.

Abrimos el espacio donde se encuentra la jaula de la reina, sacamos la jaula y vemos cómo se comportan las abejas con la jaula. Si intentan de manera agresiva pasar sus cabezas por la rejilla, entonces la reina no ha sido todavía totalmente aceptada. En este caso no debemos soltar todavía a la reina. Después de 12 horas controlamos de nuevo si se ha aceptado a la reina. Si las abejas del enjambre artificial rechazan a la reina después de 48 horas en la oscuridad, entonces se debe a que la reina misma no es aceptada o bien a que cuando hemos cepillado a las abejas, ha pasado por descuido una reina en el cajón de enjambre. En ese caso tenemos que colar a las abejas mediante un cajón colador y retirar a la reina. Después de controlar las colmenas de las que hemos sacado las abejas, devolveremos la reina en una jaula a la colmena que se ha quedado huérfana. Entre tanto esta colmena habrá criado ya unas reinas de salvación, por lo que hemos de controlar toda la cría. Después de 24 horas de alimentación a la sombra se retira el obturador; las abejas después de haber consumido el candí puesto en la jaula, liberan a la reina en algunas horas.

Si las abejas del enjambre artificial rechazan a la reina en la jaula, hay que colocar otra reina en este enjambre. Cuando las abejas corren alrededor de la jaula durante el control que hacemos y se espantan fácilmente al darles un golpecito con los dedos, significa que las abejas aceptan a la reina. Ahora se puede abrir la jaula y volver a cerrarla con la pasta azucarada (candí). Después ponemos la jaula cerrada en el espacio previsto para ello. Las abejas van a dejar comer a la reina durante las próximas horas.

Volvemos a dar al enjambre artificial un litro de comida porque el alimentador ya ha sido vaciado. La reina puede moverse libremente por el enjambre, por lo que el objetivo de formar un organismo se acelera. Después de 48 horas, dos días de oscuridad, el enjambre artificial se transporta como otro enjambre cualquiera, como ya hemos descripto. Entonces veremos si el enjambre ha formado realmente un organismo. Si observamos la parte baja de la tapadera del cajón del enjambre o colmenita, es decir la cara de la cual se ha colgado el enjam-

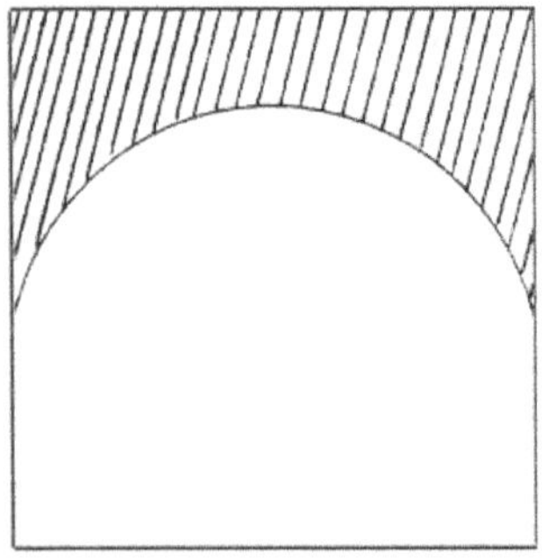

Enjambre artificial inmaduro

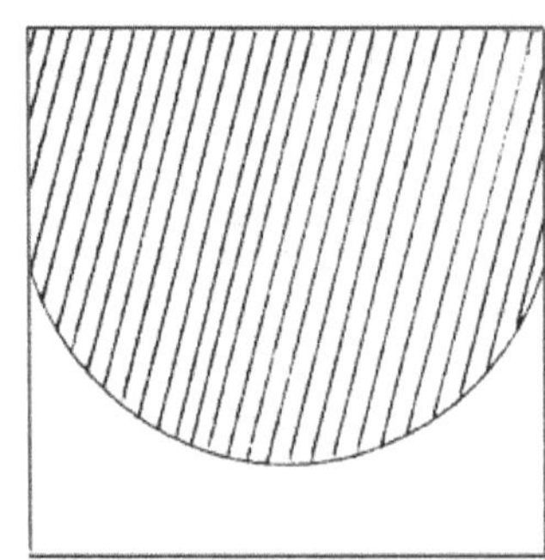

Enjambre artificial maduro

bre, encontraremos pequeñas construcciones de panales
naturales de cera. Si el enjambre artificial ha crecido y
madurado formando un organismo armonioso, entonces
los panales han sido construidos con un contorno co‐
rrecto y armonioso realizado por abejas obreras. Si no
hubiéramos dado un segundo litro de alimento, enton‐
ces seguramente no hubieran hecho esta construcción.

Naturalmente nos hacemos la pregunta de por qué
los enjambres artificiales han de hacerse en días de
Calor-Fruto, al contrario que los injertos que se realizan
en días de Luz-Flor. En los ensayos que hemos hecho
con enjambres y enjambres artificiales, hemos compro‐
bado siempre que los enjambres que se encolmenan en
días de Tierra-Raíz, es decir en días que se pusieron cua‐
dros de cera estampada o desnudos, estos enjambres se
desarrollaban mejor que los enjambres que se encolme‐
naron en otros días. Si el enjambre artificial tiene que
estar en la oscuridad 48 horas, es decir se encolmena en
un día de Tierra-Raíz, tiene que montarse en un día de
Calor-Fruto.

Si miramos el tiempo de efecto de la constelación de
Virgo, vemos que es de 4 días. Es decir, cabría la posibi‐
lidad de que la construcción y encolmenado del enjam‐
bre artificial pudiera hacerse en días de Tierra-Raíz. Se
ha demostrado sin embargo que los días de Tierra-Raíz
en general no son favorables para trabajar las colmenas.
Como al hacer un enjambre artificial tenemos que abrir
varias colmenas, es decir tenemos que molestarlas, esco‐
gemos para este tipo de trabajo los días más favorables
para las colmenas, es decir días de Calor-Fruto. De esta
manera el enjambre artificial puede madurar entre los
días de Calor-Fruto a los días de Tierra-Raíz, con lo que
damos un impulso de construcción. Si vemos los efectos
positivos de los días de Calor-Fruto en los que se hace

el enjambre artificial, podemos suponer que tendrán una influencia positiva también en el impulso de construcción. En repetidos ensayos hemos comprobado que cuando se perturba el organismo entra en la colmena la constelación cósmica del momento, la que imprime sobre él sus efectos específicos.

Si observamos el proceso de maduración del enjambre artificial, vemos que el enjambre artificial puede componerse de abejas de diferentes colmenas. Se le da una reina y alimento y se desarrolla poco a poco hasta formar un organismo. El punto culminante es cuando ya empieza a construir celdas para abejas obreras. Podemos decir que el organismo aparece a pesar de la falta de cría necesaria para alcanzar la madurez completa. El apicultor recoge el enjambre artificial y lo introduce en un cajón bajo el impulso de un día de Tierra-Raíz. El resultado es que el enjambre artificial se desmorona y tiene que volver a adquirir la forma de un racimo. Para facilitar este proceso colocamos un alza vacía debajo de la colmena, en la que sacudimos el enjambre. Bajo influencia de un día de Tierra-Raíz el enjambre artificial forma de nuevo un organismo, que encuentra su momento culminante cuando el racimo de abejas se deshace y sube al espacio superior, a los panales, a los cuadros, para comenzar con la construcción y cuidar la primera puesta.

El enjambre artificial se realiza por tanto en días de Calor-Fruto, para que las colmenas de las que tomamos las abejas sean perturbadas en días favorables. La puesta en colmena del enjambre artificial se realiza en un día de Tierra-Raíz para estimular el impulso de construcción. Los siguientes controles se hacen en días de Luz-Flor. Los enjambres artificiales no suelen hacerse en tiempo de máxima recolección, por lo que recomendamos la noche después de descorchar el enjambre, poner a las abejas cinco litros de alimento líquido, a ser posible agua con miel, para apoyar el impulso de construcción y de cría y facilitar reservas de alimento.

*Colmena de apoyo/injerto con cría operculada
y una sola reina*

Si no criamos reinas tenemos que comprarlas. Normalmente se recibe la reina con unas 50 abejas. Es mejor si tenemos la reina en junio, ya que la reina está rodeada de sus propias abejas para ser alimentada, es decir que ya el primer año puede construir su propia colonia. La preparación para la formación de una colmena de apoyo o injerto se realizará en días de Luz-Flor. La preparación para la formación de la colmena de apoyo consiste en colgar de tres a cuatro panales de cría encima del excluidor de reinas para que la reina pueda poner huevos. Después de nueve días, es decir en un día de Luz-Flor, todas las celdillas están operculadas y podemos comenzar con la formación de una colmena de apoyo. Antes de empezar con este proceso, como ya hemos descripto antes, tiene que prepararse el cajón en el que vamos a meter la colmena de apoyo. Algunos apicultores utilizan todavía cajones pequeños para las colmenas de apoyo, donde solo caben un máximo de cinco panales. Es mejor que utilicemos cajones donde quepan por lo menos ocho panales para las divisibles. Estos cajones sirven también muy bien como cámaras de miel, que pueden completarse con tapadera y suelo. El amplio espacio para diez o doce panales se divide con un separador de paja o madera. Después de estos preparativos empieza la formación de la colmena de apoyo.

Se colocan en el portacuadros todos los panales de cría que estaban separados de la reina por la rejilla, recogiendo también todas las abejas que en ellos hubiera. Si el apicultor trabaja lentamente, debe cubrir los panales de cría que se encuentran en el porta-cuadros. Para ello puede tomar una tela de lino de entramado prieto, para que no se enfríe la cría. Colgamos cuatro panales de cría con abejas en un cajón de colmena de apoyo. En la entrada ponemos un cuadro estirado y en la parte de atrás un cuadro de provisiones. Estos panales deben estar secos, ya que los panales de miel o húmedos dan pie fácilmente al pillaje cuando estos trabajos se realizan en días sin recolección. Ahora se cierra el cajón de la colmena de apoyo. La abertura de la piquera no ha de ser muy grande, para que las abejas puedan defenderse en caso de pillaje. Cuando las abejas de esta colmena se percaten de que son huérfanas, recibirán una reina. Es decir, la añadimos a la colmena. Las abejas notan que son huérfanas al cabo de 1/2 o 1 hora y lo demuestran dando vueltas buscando en la parte frontal del cajón. Tomamos a la reina que hemos comprado y la metemos en una jaula que quepa entre los panales. Hemos de tener cuidado de que nunca entre una abeja en la jaula de la reina. El paso siguiente es como hemos explicado en el caso del enjambre artificial.

A la tarde-noche del día siguiente se controla si la reina ha sido aceptada por la colmena de apoyo. Después, un día más tarde se la deja libre bajo la pasta azucarada. Hay una diferencia en el alimento de la colmena de apoyo. Ésta no puede recibir alimento líquido, ya que facilita el pillaje. Se añade con la reina en la jaula un trozo grande de pasta azucarada o candí en estado sólido. Tenemos que pensar que en el panal de cría que utilizamos para la colmena de apoyo también se encuentran abejas pecoreadoras que volverán a la colmena madre. Si estas abejas pecoreadoras encuentran panales con miel húmeda en la colmena de apoyo o se les da alimento líquido, entonces vuelven a la colmena madre para informar que han encontrado una fuente de recolección. Si la colmena de apoyo no puede defenderse de estas abejas que buscan, acaba siendo un pillaje y la colmena de apoyo está perdida si no la cambiamos rápidamente de lugar. En estos trabajos es importante que se haga todo a buen ritmo, con cuidado y nunca ofrecer sustancias líquidas como alimento. El peligro del pillaje es menor o no aparece si formamos colmenas de apoyo cuando es tiempo de recolección, es decir cuando las abejas están ocupadas por la recolección de néctar.

Para este tipo de formación de colmenas de apoyo recomendamos los días de Luz-Flor. Se toman panales de cría operculados que tengan abejas y un cuadro estirado bien seco, así como un cuadro de provisiones. Después de constatar que están huérfanos, se introduce la reina fecundada que está metida en una jaula. El alimento es candí. 24 horas después se libera la reina con la pasta azucarada.

Injerto/colmena de apoyo con cría operculada y colonia de fecundación

En este caso la colmena de apoyo se forma igual que en el caso anterior. Solamente en el momento enque introducimosa la reina, el proceso siguiente es algo diferente. Si formamos la colmena adicional con una colonia de fecundación, quiere decir que la reina no es comprada sino que es de la propia multiplicación de nuestras propias colmenitas de fecundación. Si introducimos a la reina en la colmena junto con la colonia de fecundación, podemos contar con una mayor armonía en la colonia. Esto puede ser porque la reina aparece ya rodeada de su colonia, o sea de un pequeño organismo que va a unirse al enjambre para fusionarse en un organismo que se va a crear. En este caso no es la colmena de apoyo quien decide o no aceptar a la reina, sino el núcleo de la colonia de fecundación con su reina es quien determina si se unen o no al enjambre. Si por ejemplo en la colmena de apoyo se encuentra presente una reina no fecundada o una celdilla real, entonces la colonia de fecundación no intenta unirse a la colmena de apoyo. Si sucede algo así cuando se quiere añadir una reina sola, nos percatareos de que las abejas no se unirán. Si el apicultor se pone nervioso e introduce a la reina con la pasta azucarada, entonces la reina está perdida, la matarán.

Se une el núcleo al enjambre cuando este último manifiesta su orfandad. Se cierra la piquera del núcleo donde está la colonia de fecundación y se retira el cristal o la tapadera. Se coloca papel de periódico (no revista) encima de esta abertura y se sujeta con gomas. Hacemos de diez a doce agujeros en el papel con un clavo o bolígrafo. Por estos pequeños agujeros pasan los primeros intercambios de olores. Estos agujeros permiten que el papel pueda roerse. La colonia de fecundación se coloca por la cara del papel en la colmena de apoyo junto al último panal. Entre el papel de periódico tensado y el panal tenemos que dejar un espacio libre de 1 cm. Metemos en la colmena de apoyo un trozo de candí que debe estimular la unión. Si la colmena de apoyo está realmente huérfana, durante la noche va a romper el papel y se va a unir con la colonia de fecundación. Ahora se forma un conjunto para crear un organismo. Después de varios días la reina abandona la colonia de fecundación y empieza a poner huevos en la colmena de apoyo.

Cajón de fecundación de Kirchhain. Se puede discutir sobre el material; la forma y el mantenimiento de temperatura son ideales. El ángulo de la pared lateral está concebido de tal manera que las abejas no pueden construir panales y se pueden realizar fácilmente controles. Hay seis pequeños panales en los que se puede desarrollar la colonia durante varias semanas.

Panal de cajón de fecundación de Kirchhain.

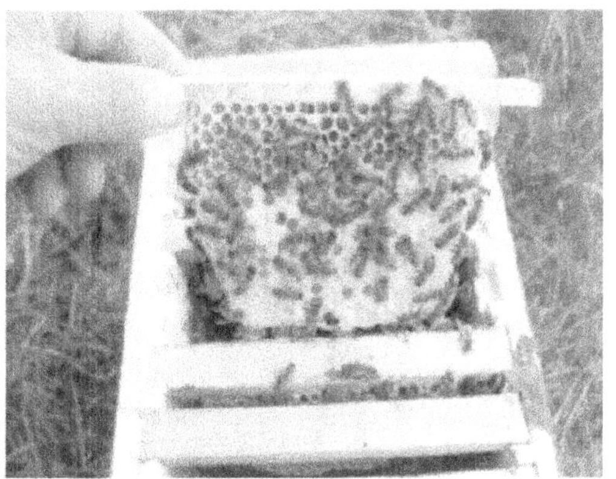

Cajón de ecundación con pediódico en el que ya se han hecho algunos orificios para facilitar la unión.

*Se coloca a la colonia de fecundación a un centímetro
de los panales*

*Periódico destrozado
en la unión*

*La viruta de papel en la
piquera demuestra que la
unión ha sido posible*

La formación de colmenas de apoyo con panales de cría en los que hay cría en todos los estados, es una práctica cada vez más extendida ya que se tiene la opinión de que al estar todas las fases presentes se garantiza mayor armonía en la colmena de apoyo.

Este es el método más difícil para formar colmenas de apoyo o injertos, por eso recomendamos utilizarlo cuando ya dominemos la técnica de formación de colmenas de apoyo con cría operculada. Este método es tan difícil porque es complicado formar colmenas de apoyo con una colonia de fecundación y cría abierta.

La preparación consiste, como ya hemos descripto, en poner a punto los cajones de la colmena de apoyo. Si queremos formar varias colmenas de apoyo para poder trabajar con buen ritmo, recomendamos encerrar antes a la reina de las colmenas de las que vamos a tomar los panales de cría. Es decir que, por ejemplo, un día antes buscamos a las reinas y las aislamos en un alza provista de un excluidor de reinas o enjaular a la reina sobre un cuadro de cría. De esta manera podemos trabajar a buen ritmo el día que queremos formar las colmenas de apoyo, sin tener que dejar demasiado tiempo a los panales de cría colgados del porta-cuadros mientras buscamos a las reinas. En un caso de urgencia podemos meter a la reina en una "jaula de tránsito", esto es una jaula cuyas rejillas son las rejillas de cierre al mismo tiempo. Así las abejas pueden cuidar mejor a la reina. El hecho de encerrar a la reina en una jaula supone una desventaja, ya que no puede ocuparse de la cría de forma armoniosa y fácilmente esta situación provoca una perturbación en el organismo.

Cuando formamos una colmena de apoyo debemos elegir los días de Luz-Flor, ya que fomentan favorablemente el desarrollo de la colonia. Para cada colmena de apoyo necesitamos al menos cuatro panales de cría con abejas, así como un cuadro estirado y seco y un cuadro de provisiones. Se colocan en el cajón para la colmena de apoyo. Cuando las abejas se percatan que son huérfanas, introducimos a la reina en una jaula con un gran trozo de pasta azucarada, igual que en la formación de la colmena de apoyo con cría operculada. Tenemos que procurar que la jaula esté colgada en el centro de la colmena para que las abejas encuentren rápido a la reina. Esto es imprescindible en este método, ya que en los panales de cría hay huevos y larvas. Si las abejas no encuentran rápidamente a la reina, entonces comienzan a criar reinas de larvas obreras. Esto puede provocar que no acepten ya a la reina. Podemos ver entonces que con este tipo de formación de colmena de apoyo el riesgo de perder una reina es más alto. Después de 24 horas podemos liberar a la reina con el trozo de pasta azucarada, si las abejas la han aceptado.

Para estar seguros de que no se están criando reinas de larvas obreras, en los próximos días de Calor-Fruto debemos realizar un control para ver los panales de cría y buscar posibles celdillas de obreras reinas. Es un caso poco común, pero si la colmena de apoyo ha criado reinas de celdas de obreras entonces existe la posibilidad de que se decida más bien por las reinas de las celdas de obreras, en vez de por la reina introducida. Esto hace que se produzca una importante falta de armonía en la colonia debido a esta tensión.

Si tenemos una colmena de apoyo con cría en todos los estados y queremos darle una reina mediante una colonia de fecundación, entonces tenemos que contar con que vamos a tener dificultades. Como ya hemos descripto, acercamos la colonia de fecundación protegida con papel de periódico. Normalmente las abejas rompen el papel después de varias horas, es decir las abejas de la colmena de apoyo ya han empezado a criar reinas de larvas obreras. Si este fuera el caso, entonces la colonia de fecundación no rompería el periódico para unirse con la colmena de apoyo. En el siguiente control podemos retirar la colonia de fecundación y encontraremos celdas de obreras reinas poco antes de salir las crías. Para no dar paso a este desarrollo, en los próximos días de Calor-Fruto tenemos que realizar un control de la cría y retirar las celdas que son seguro de obreras reinas. Esto no es ningún problema para el apicultor, aparte del tiempo de trabajo invertido. Para la colmena de apoyo el hecho de retirar las celdas será un conflicto, ya que estaban preparadas para las nuevas reinas obreras que estaban creciendo. Si tenemos esto en cuenta, entonces utilizaremos la colonia de fecundación en la formación de colmenas de apoyo solo cuando tengamos panales de cría operculada.

La formación de colmenas de apoyo en todos los estados es posible si queremos introducir una reina. Pero tenemos que tener en cuenta que pueden aparecer crías de reina de larvas obreras que tienen que retirarse. Dar una reina a una colonia mediante una colonia de fecundación no es recomendable, ya que la colmena de apoyo va a criar seguramente reinas de celdas obreras, concentrándose en su desarrollo. Si tenemos que retirarlas un momento más tarde, la colmena va a sufrir.

CRIA DE REINAS

El apicultor que no quiere o no puede rejuvenecer las colmenas mediante la enjambrazón natural, depende de la cría de reinas. Cuando hablamos de la cría de reinas pensamos automáticamente en el concepto de "cría artificial de reinas". Este concepto no nos gusta, ya que con la palabra "artificial" asociamos algo mecánico o químico. La cría artificial de reinas es en realidad una manera asistida, dirigida y controlada por el ser humano de multiplicar reinas. El concepto de artificial se debe seguramente a que el ser humano puede criar cuantas reinas quiera a partir de larvas de obrera de una colmena. Hace treinta y cinco años esto daba pie a fuertes discusiones, pero hoy día este problema ya no está a la orden del día. Se ha convertido en algo normal que un buen apicultor trabaje solo con reinas criadas. Para algunos apicultores significa mucho, cuando pueden mostrar su tarjeta de apicultor con muchas colmenas que tienen el sello de pura raza. Para el apicultor es una experiencia de éxito, como para el ganadero que enseña carné de su ganado. Pero, ¿podemos comparar la cría de abejas con la cría de vacas, caballos o cerdos?

El modo de reproducción ya demuestra que hay grandes diferencias. En el caso de la vaca u otros animales domésticos necesitamos un animal macho y una hembra. En el caso de la abeja necesitamos una abeja hembra y muchos, hasta nueve machos. En el caso de nuestros animales domésticos podemos tener un control sobre la copulación, en el caso de las abejas, no. Para ser fecundadas, las abejas reina vuelan a determinados lugares de encuentro donde están volando los zánganos. Estos lugares están en el aire. Para ser fecundada hasta incluso nueve veces, puede suceder que la abeja reina vaya a este lugar en repetidos momentos. Este vuelo se llama vuelo nupcial. En el caso de los animales domésticos hay una copulación por cada camada. En el caso de la reina, el semen de los zánganos que ha recibido la reina en su juventud, le vale para toda la vida. Estas diferencias en la copulación deben mostrarnos que desde el punto de vista de la cría, tendríamos que actuar desde dos caminos diferentes.

Muchos de los errores que se han hecho en el pasado en la cría de este sector, ya se han reconocido. Se está intentando, desde el punto de vista de la raza, criar hacia atrás, es decir recuperar razas originales. Esta vuelta hacia atrás en la cría tiene sobre todo como objetivo encontrar nuevo material para hacer cruces. Se tiene la certeza de que solo podemos conseguir algo contra la debilidad de las abejas si cruzamos varias razas o líneas para crear abejas más resistentes. La abeja ya nos ha demostrado que esto es posible. Si hemos dejado fecundar abejas puras por zánganos sin raza determinada, a veces nacen abejas que son robustas y laboriosas. Desde hace años, haciendo cruces estudiados se está intentando aprovechar de manera lógica este efecto.

Quien se dedique a la cría de reinas tiene que tener en cuenta que los zánganos que nacen de la reina de cría, pueden fecundar reinas en un radio de 15 km a la redonda. Esta distancia de 15 km surge de la manera siguiente: el lugar donde está el zángano está a 15 km de la reina no fecundada. El lugar de encuentro de los zánganos está casualmente a medio camino, es decir a 7,5 km. Entonces el zángano se dirige al lugar de encuentro de los zánganos y así también la reina no fecundada. Ambos vuelan 7,5 km, lo que hace 15 km. Si tenemos esto en cuenta, entonces entendemos que los apicultores que durante años han practicado la cría de abejas de raza, protestan cuando otro apicultor viene y en el límite de la zona de cría, empieza a trabajar con otra raza totalmente diferente, por la razón que sea. Es seguro que los zánganos extranjeros van a entrar en la región de pura raza, lo que dificulta enormemente el mantenimiento de la pureza de raza de la zona.

Este ejemplo demuestra, al contrario que en el caso del ganado, que cada uno puede criar el que quiera; en el caso de las abejas tenemos que apelar a la solidaridad de los apicultores para que no se críe otra raza por razones egoístas, sino que se vuelva a la cría de una raza según las zonas, haciéndolas propias de la región.

Si volvemos a principios del siglo XX, constatamos que no había esa variedad de razas y cruces. La naturaleza iba formando determinados tipos de abejas según la zona y el clima, que podían vivir plácidamente en esas regiones, pero con la unión con otras razas sufrieron seriamente. El mantenimiento de razas era posible, ya que por ejemplo las grandes superficies de agua, como el mar del Norte, el Mediterráneo, o las cadenas de montañas como los Alpes, suponían barreras naturales que no podían superar los enjambres, no habiendo así mezclas de razas.

El hecho de que hoy trabajamos en todo el planeta con razas de abejas, en parte completamente ajenas a la región, es la resultante de la cría artificial de reinas. Se traía por ejemplo una reina de Italia a Berlín y se criaba con ella. Los zánganos de esta reina "contagiaban" por supuesto un amplio radio, por lo que las abejas originales de la región sufrían cruces sin quererlo. Esto fue practicado también en Munich y Frankfurt, lo que provocó que las abejas propias de la región ya no podían multiplicarse como hasta ahora, mediante enjambrazón, sino que se criaban y seleccionaban. Después de que los apicultores vieron que la cría de reinas era algo sencillo, se traían abejas reina de los lugares de veraneo para ver si les daban mejores abejas y aumentaban la producción. De esta manera se abrió el camino, por lo menos a principios del siglo XX, para criar abejas de diferentes razas. Si miramos el caso de Alemania, ya no queda nada de la típica abeja del Norte. Se la fue apartando al criar otras razas. Entre tanto se ha comprendido que si queremos abejas robustas y sanas, solo lo podemos conseguir mediante abejas autóctonas de la región y no haciendo cruces. Es extraordinariamente interesante conocer que ya Rudolf Steiner en 1923 dijo que si se continuaba esa forma de practicar la apicultura, no iban a pasar ni cien años de gran productividad como se estaba viviendo. Si vemos la situación de la abeja actual, ese es el caso.

También es cierto y no hay que negarlo, que con la cría se ha alcanzado un enorme aumento. Pero no por ello hemos de negar las consecuencias negativas de esta cría. En estos aspectos, hemos ignorado el SER de la abeja. Los apicultores estaban ciegos por el éxito. Las colonias tenían que ser cada vez más grandes y rendir más. Las abejas también tenían que picar menos. El instinto de enjambrazón como medio natural de multiplicación y rejuvenecimiento se convirtió en algo indeseable. El cuidado natural de la reina en la colonia, de repente ya no era deseado. El ser humano empezó a hacer chapuzas en la Creación. El resultado podemos verlo hoy con las enfermedades y debilidad de nuestras abejas.

El objetivo que tienen que perseguir ahora los apicultores es el de ayudar a las abejas a vivir según su naturaleza. Que al principio sea a través de la crianza parece ser el camino correcto para poder introducir rápidamente una abeja uniforme en una región determinada.

Después sería necesario que diéramos el valor correspondiente a las formas naturales de multiplicación y rejuvenecimiento propios de las abejas.

Lo que estamos explicando no es la única razón para la situación actual en la apicultura, sino una parte de lo que tiene que cambiar en el futuro.

Muchos apicultores, por diferentes razones, no pueden renunciar a la cría artificial de reinas, ya que mediante la multiplicación natural no se obtienen tantas reinas con el fin de aumentar las colonias. Queremos presentar dos métodos que son unas bases de crianza. Hay muchas posibilidades de tener muchas reinas, pero siempre se basan en estos dos métodos. Diferenciamos primero entre la cría en una colmena huérfana, es decir sin reina y una colmena con reina. Los que quieren aprender la práctica de la cría, deberían empezar con la cría en una colmena huérfana.

Para criar reinas, mejor dicho para multiplicar reinas, necesitamos una colonia de cría y una colonia nodriza. La colonia de cría es la colonia de la que vamos a sacar la base de cría, es decir las larvas de abejas obreras. La colonia nodriza es la colonia en la que se van a poner las larvas de las abejas obreras para ser criadas para ser reinas.

La colonia de cría o de selección tiene que tener una serie de requisitos, antes de que sea usada sin más para la cría. La colonia tiene que haber estado bajo observación dos años y haber anotado todas las observaciones por escrito. Tiene que ser: laboriosa, tranquila, robusta, las abejas tienen que quedarse en los panales y tienen que saber crecer de manera armoniosa. Cuando decimos que tienen que quedarse en los panales, queremos decir

que cuando abrimos el cajón las abejas siguen tranquilamente reposadas sobre los panales, incluso si se las
saca de la colmena. Esta colonia no puede caer enferma
con facilidad y tiene que ser resistente al clima. Por lo
demás tiene que corresponder a las características de la
raza y cumplir los requisitos de la selección.

La colonia nodriza tiene que ser una colonia más
fuerte de lo normal con una cría buena y grande. No
necesitan cumplir requisitos de cría, ya que solo va a
alimentar y cuidar a las larvas. En la colonia nodriza se
necesitan muchas abejas jóvenes y de cuidado de cría.
Ya que no sabemos si a través del alimento se transmiten características de comportamiento, no debemos
usar colonias que muestran extremos como el picar
mucho, el fuerte instinto de enjambrazón o la tendencia
a caer enfermas.

El material que necesitamos es: cuadros de cría con
listones sobre los cuales serán fijadas las cúpulas de
cría, tapones de cría, calibrador de madera para ajustar
las cúpulas, cucharas para larvas, un molde de madera
y cera.

En el caso de la cría de reinas no disponemos de realeras naturales, tenemos que construirlas nosotros mismos con cera. No debemos utilizar las realeras de
plástico que se pueden comprar. Las realeras de cera se
fabrican con el molde de madera. El molde de madera
es un palito redondo de madera de 9 mm de grosor y de
10 cm de largo, que en un extremo está redondeado.
Tiene que ser totalmente liso para que la cera se separe
bien. Calentamos la cera al baño María hasta que se pone
líquida. El molde de madera se mete en agua fría, se saca
y se escurre para quitarle todas las gotas de agua. En

tonces se introduce el molde aproximadamente unos 10 mm en la cera y se saca. Esto se repite tres o cuatro veces, cuidando que el molde cada vez lo introduzcamos menos profundamente. Al final, el molde de madera se mete en el agua fría con la cera formada y ya tenemos la realera. Si a pesar del agua la realera no se separa fácilmente del molde, podemos echar miel en el agua para que el agua se vuelva más resbaladiza y la realera salga del molde. No debemos utilizar sustancias lubricantes o disolventes, como en el caso de la fabricación de cuadros, para ahorrar a las abejas un innecesario trabajo de limpieza. Para una abeja es más agradable quitar restos de miel que restos de disolventes.

Después de haber formado suficientes realeras, las dejamos secar. Después se las presiona en los tapones de cría pegándolas a ellos con algo de cera líquida. Tenemos que manejar las realeras con mucho cuidado para no romperlas. Metemos los tapones de cría con las realeras son fijados entonces sobre los listones del cuadro de crianza. Las realeras tienen que mirar hacia abajo. Después aseguramos las estanterías al cuadro. Estos trabajos de preparación pueden realizarse antes de la fecha de traspaso de larvas.

La preparación de la colonia de cría empieza nueve días antes del traspaso de larvas. La colonia de cría tiene una buena cría. Son abejas fuertes. Ya que vamos a dejar al pollo en manos de una colonia sin reina, necesitamos panales de cría operculada, pero sobre todo muchas abejas. Esto lo conseguimos si colgamos el panal donde se encuentra la reina en la cámara de miel, por encima de la rejilla de cierre. Si en la cámara de cría ya no hay panales vacíos sino panales llenos en parte de miel, dejamos dos panales de miel y cambiamos el resto de los panales de miel por panales marrón claro mojados con miel. Las abejas de la colmena limpian rápidamente estos panales marrón claro mojados con miel y la reina puede empezar a poner huevos en la cámara de miel. En los próximos nueve días habrá una nueva cría perfecta. Esta cría nueva hace que en esta colmena haya más abejas cuidadoras de lo normal, ya que en la cámara de cría de abajo todavía está la cilia de antes, cuyas larvas en estos nueve días han sido operculadas. Cuando hayan pasado estos nueve días y no quede cilia sin opercular en la cámara de cría, entonces podemos empezar con la cría de reinas.

Tomamos a la reina de la cámara de miel. Más tarde podrá ser introducida en una colmena de apoyo o en otra colmena. Después se toman todos los panales que contienen un máximo de cría no operculada fresca y se ponen en el porta-cuadros. Retiramos este cuerpo y, si tenemos colmenas de abertura anterior, tapamos este espacio para que las abejas no lo ocupen. Las abejas que hemos recogido con los panales de la cámara de miel se cepillan en la cámara de cría en el cuerpo inferior. En estos panales hay principalmente abejas nodrizas, que necesitamos para la cría de reinas. En la cámara de cría tenemos ahora panales de cría operculada y muchas abejas jóvenes y nodrizas. Controlamos de nuevo los panales de la cámara de cría para estar seguros de que no hay celdillas de reina. De ser así tenemos que retirarlas, ya que si no fracasaría la multiplicación de reinas.

Todos estos trabajos de preparación tienen que hacerse cuando Venus y la Luna estén bajo una constelación de Luz-Flor.

Para aumentar el éxito de la cría y sobre todo para poder poner a las larvas en realeras limpias, ponemos el cuadro de cría con las realeras fabricadas en la colonia nodriza donde se pondrán más tarde para ser cuidadas. Las abejas pueden limpiar las celdillas reales perfectamente antes de que se metan las larvas. En ambos lados del cuadro de cría debe haber panales de cría para poder mantener la temperatura ideal. Para meter las larvas tenemos que volver a sacar los cuadros de cría.

La colmena de cría necesita también una preparación. En el sexto, quinto y cuarto día antes del traspaso de larvas, en la cámara de cría de esta colmena ponemos cada día un panal marrón claro mojado con miel para que el día del traspaso tengamos realmente suficientes larvas jóvenes. Estos panales los ponemos el sexto, quinto y cuarto día, ya que puede pasar que la colmena no acepte inmediatamente los panales sino que deje pasar un día o día y medio. Las larvas que se van utilizar tienen que tener como máximo dos días. Es decir que la reina tiene que poner huevos en los panales 4 días o 4 días y medio antes del traspaso de las larvas.

El traspaso de las larvas se realiza con una cuchara de larvas. También podemos utilizar maderitas puntiagudas o pequeños pinceles de acuarela o una pluma. Si preferimos una cuchara de larvas, la suiza es especialmente buena. Uno de sus extremos está doblado de tal manera que entra muy bien en la celdilla para poder sacar la larva. Sin embargo tenemos que lijar más fino la punta doblada con la que sacamos la larva de la celda, así como redondear los cantos. Estas cucharas de larvas fabricadas con maquinas a veces tienen la punta muy gorda, de tal manera que es difícil deslizarlos bajo la larva. Sucede entonces que uno le da la vuelta, en lugar de colocarla sobre la cuchara. Si nunca hemos recogido larvas, recomendamos practicar con un panal oscuro. Los panales claros de cría son muy sensibles. Cuando queremos tomar la larva con la cuchara, fácilmente podemos romper la base de la celdilla y dañar a la larva que está al otro lado del panal. La larva no sobreviviría.

Para el traspaso de larvas recomendamos las larvas jóvenes. Cuanto mayor es la larva, tanto más tiempo ha estado en las celdillas hexagonales y ha absorbido las fuerzas de esta forma. Tenemos que pensar también que cuanto mayor es la larva, los canales de los ovarios de la futura reina serán menos numerosos, por lo que su rendimiento poniendo huevos será menor.

Cuando todas las realeras preparadas tienen ya sus larvas, entonces ponemos las estanterías de cría o los listones que tienen las cúpulas ensambladas en el cuadro de cría. Los cuadros de cría se cuelgan en la colonia nodriza, cuidando de que a cada lado del cuadro de cría haya panales de cría para garantizar un calor continuo. En un cuadro de cría caben unas veinte realeras. No debemos meter más de dos cuadros de cría en la colmena de cuidado.

Si durante la cría de reinas no es tiempo de recolección de miel que apoye los cuidados de la colmena, entonces podemos ponerle entre dos y cinco litros de agua con miel en un cubo. Esto lo tenemos que hacer el día que traspasemos las larvas ya que si no, no tendremos éxito. La larva que no recibe desde el primer día alimento, al día siguiente tampoco lo recibirá. Se la comen o la tiran. Los cuidados pueden sufrir también debido a las reservas existentes.

Una colonia que tiene buenas reservas se puede cuidar bien. Como punto de referencia podemos decir que un 20% de los panales que hay en la colonia nodriza tienen que ser panales de alimento; deben estar llenos de miel. Las provisiones que hay de la cría en el panal de cría no cuentan en este tanto por ciento. Esto no significa que por un exceso de alimento vamos a aumentar el éxito de la colonia cuidadora. Si sobrealimentamos a la colonia podemos conseguir precisamente todo lo contrario, ya que las abejas nodrizas necesitan mucho polen para que les funcionen bien las glándulas de alimento, tenemos que cuidar que haya suficiente polen para la colonia.

Después de todo lo expuesto, podemos decir que el entusiasmo y el éxito de la multiplicación de reinas depende de que haya suficientes abejas jóvenes y las constelaciones correctas, así como una reserva de polen y miel en cantidad suficiente.

Después de tres días podemos contar las larvas criadas si sacamos el cuadro de cría cuidadosamente. No hace falta que miremos en las realeras, es suficiente ver la pared más alargada de las realeras para ver si han sido aceptadas. Las abejas han trabajado la realera alargando la pared de la celdilla. Volvemos a meter los cuadros de cría y cerramos la colmena. Hasta poco antes de que salgan dejamos tranquila a la colonia. Una vez que sabemos el número de celdillas de reina de las que disponemos, tenemos que preguntarnos qué vamos a hacer con ellas. El criador las hará nacer en unas colmenitas de fecundación. La mayoría de los apicultores no tienen un cajón de cría, entonces dejan salir a las reinas en jaulas. Para ello tomamos las celdas de las que van a salir las reinas y las metemos con 10 o 15 abejas y algo de comida en una jaula grande. Ponemos las jaulas en la cámara de miel encima de la cría sobre una malla por la que no puede pasar ninguna abeja. Para que las celdillas disfruten del calor de la cría rellenamos todo el resto del espacio con mantas de lana. Después de uno o dos días ya tienen que haber salido todas las reinas. Las reinas que han salido se meten en la colonia de fecundación y después de dos días de oscuridad se las lleva a un lugar donde hay unas colonias con exceso de zánganos, que garantizan una buena fecundación.

Para la reina que sale y para las abejas que van a tener esa reina, seguramente es más agradable que la reina pueda nacer allí donde luego va a ejercer de reina madre. Cuando se haya hecho la multiplicación de las reinas, con el fin de formar colonias de apoyo podemos utilizar estas celdas perfectamente, sin que antes haya salido la reina.

Para tener realmente celdas de las que van a salir reinas tenemos que hacer un cálculo exacto. Una reina necesita, desde la puesta del huevo hasta que sale, unos 16 días. Las larvas que fueron trasladadas en las realeras tenían un día. Tenemos que añadir 3 días en la fase de huevo, por lo que la larva trasladada tiene 4 días. El día conveniente para trabajar la celdilla sería el día 15 en todo el desarrollo de la reina. Es decir el día 15 es el día 11 después del traslado.

Puede suceder que una larva trasladada tenga más de un día, por lo que los trabajos con las celdas deberán hacerse por la mañana del día once después del traslado para estar seguros. Si nos equivocamos por un día, lo que le ha sucedido a más de un apicultor puede pasar, como ya hemos descripto sobre el enjambre, que la reina empiece a producir el sonido del "tu-tu" y busque las celdas maduras para matar una reina tras otra. Todo el esfuerzo realizado para multiplicar las reinas estaría perdido.

Pero tampoco tenemos que tener miedo sin razón y para estar seguros debemos ir a trabajar las celdas de las reinas uno o dos días antes, es decir el día 13 o 14. Precisamente en ese momento del desarrollo las celdas son muy sensibles a los cambios de temperatura. Si las celdas se enfrían salen las reinas el día 16, pero a veces no tienen las alas bien desarrolladas, con lo que no tienen valor ya que no pueden hacer el vuelo nupcial. Si queremos multiplicar las reinas, tenemos que ir según las reglas si queremos tener éxito.

Si queremos utilizar las celdas para colmenas de apoyo recomendamos poner dos celdas de reina por colmena de apoyo, ya que puede suceder que una de las dos reinas no salga. La formación de la colmena de apoyo funciona como explicamos en el apartado de *Colmena de apoyo con cría operculada y una reina*. En este caso no hay una reina que sale ya fecundada sino dos celdas de reina. Se colocan en un panal de cría o se sujetan con cerillas o con un soporte de alambre en el panal. Hemos de tener cuidado de no romper las celdas. Las celdas tienen que estar puestas o sujetas de tal manera que puedan ser mantenidas en calor por las abejas y tienen que tener suficiente espacio hacia abajo para poder salir. Si sujetamos la celda con cerillas o con un alambre al panal, las celdas del panal que están detrás de las celdas reales deben ser un poco aplastadas para que las abejas de alrededor puedan mantener el calor.

El trabajo con las celdas tiene que hacerse a buen ritmo. Se preparan todas las colmenas de apoyo para que la última operación sea directamente con las celdas. A estas colmenas de apoyo se las deja tranquilas durante tres semanas. Después de este tiempo, si el clima ha sido bueno, ya tienen que tener cría.

Lo agradable de este tipo de formación de colmena de apoyo es que la reina que sale es aceptada siempre por las abejas desde el primer momento y reina la armonía en la colmena.

Ya que la reina tiene que ser todavía fecundada recomendamos no poner el cajón con todos los demás en el colmenar sino un poco apartado, para que la reina encuentre el camino de vuelta.

Esta es otra forma para multiplicar reinas. Como la crítica de muchos apicultores contra la cría de reinas de forma artificial no ha parado, se ha intentado hacer de la cría artificial de reinas un proceso lo más natural posible. La multiplicación de reinas en una colonia con reina se parece mucho a la cría de reinas de larvas obreras. Sabemos que las criadas de esta manera pueden ser muy buenas reinas y se ha intentado crear un ambiente de colonia con reina para criarlas de forma artificial. Funciona de la manera siguiente. Necesitamos una colmena con buena cría. Guardamos a la reina en el espacio de abajo con un excluidor de reinas. Colocamos a la cría en el espacio superior, por ejemplo en el tercer elemento. Tapamos el excluidor con un folio de tal manera que dejamos una abertura de unos 3 a 5 cm que da hacia arriba. De esta manera conseguimos que la reina y la cría estén lejos entre sí y con el folio hay aún menos contacto entre el espacio de abajo y el espacio de arriba. Colgamos ahora los cuadros de cría con larvas entre los panales de cría de arriba. Las abejas de la cámara de cría de arriba están tan lejos de la reina que aceptan las larvas y las crían como futuras reinas. Con este método no obtenemos muchas reinas. Después de cuatro o cinco días tenemos que controlar las posibles celdas de obreras criadas como reinas de salvación que puede haber en el cuadro de cría en la cámara de arriba. Si el contacto entre la reina y la cámara inferior es demasiado escaso, puede suceder que las abejas nodrizas piensen que no tienen reina y para estar seguras empiezan a criar reinas de larvas obreras. En este caso tenemos que recortarlas de los panales ya que quizás salgan antes que las reinas del marco de cría. En este caso el éxito será dudoso, ya que la primera reina obrera que salga romperá las otras celdas de reina y matará a sus iguales.

Para el que empiece la cría es mejor que aprenda primero a criar en una colmena huérfana y después en una colmena con reina. Por cuál método nos decidamos, depende de si necesitamos una gran cantidad de reinas o si solo con una pocas tenemos suficiente.

Estas explicaciones sobre la multiplicación de reinas en colmenas huérfanas o con reina nos muestran que en principio podemos criar muchas reinas. No abordaremos las numerosas posibilidades de influir en las abejas, para hacerles cuidar las celdillas con más ardor. Hay al respecto mucha literatura que trata el tema perfectamente.

Multiplicación de las reinas mediante aprovechamiento del instinto de enjambrazón

Si queremos multiplicar reinas sin utilizar larvas de obreras, tenemos la posibilidad de hacerlo dejando nacer reinas mediante el instinto de enjambrazón, así las reinas que nacerán se habrán desarrollado enteramente en una celdilla redonda desde el principio. Para ello escogemos una bella colonia apta para la crianza. Tenemos que observar cuándo empieza el tiempo de enjambrazón en el colmenar. Antes de que comience este período, en el que normalmente ponemos las alzas sobre las otras colonias a fin de evitar el proceso de enjambrazón, dejamos que las colmenas tengan poco espacio y se las alimenta con miel de flores si es que no hay recolección de néctar. Para fomentar la enjambrazón es buena la miel de colza o trigo sarraceno.

Por el cuadro de construcción u observación podemos ver bien cuándo llega el momento de enjambrazón en una colmena. Si la colmena está en plena preparación de enjambrazón, tenemos que calcular cuando están operculadas las primeras celdas de reina. El día que estén operculadas, tomamos a la vieja reina madre con un panal de cría con abejas, dos panales de miel con abejas y creamos con todo ello una nueva colmena de apoyo, ya que queremos conservar a esta reina capaz de criar. La continuación del proceso queda descripta en el apartado *Multiplicación de colmenas dirigidas por el ser humano*.

Este tipo de multiplicación es agradable, no solo para el apicultor sino también para la abeja, ya que puede asistir al crecimiento de la reina desde el comienzo hasta el fin. Al salir la reina en estas pequeñas colmenas de apoyo tendremos colmenas buenas, vitales y armoniosas, que ya en el otoño habrán llenado todo un cajón. Como puede suceder que durante el vuelo nupcial la reina no encuentre el camino de vuelta y se pierda, podemos formar una o dos colmenas de apoyo adicionales, aunque sean más de las que necesitamos. Si falta una reina, unimos la colmena huérfana con la colmena con reina.

Quien nunca haya practicado este tipo de multiplicación de reinas puede pensar que requiere más esfuerzo que la multiplicación artificial de reinas. Hemos de decir que es todo lo contrario. Si hemos adiestrado nuestro ojo a los diferentes estadios de las larvas de reina y a sus edades, el esfuerzo de trabajo para la multiplicación es bastante menor. Si queremos aprender a determinar la edad de las larvas, tenemos que observar bien. Lo más sencillo es poner una realera en el cuadro de construcción u observación y ver diariamente cómo se desarrolla hasta llegar a ser una celda operculada. La colmena no va a estar muy contenta si durante nueve o diez días abrimos a diario la colmena. Pero si tenemos el ojo habi-

tuado a estos fenómenos podremos hacer muchas más
cosas yendo en el sentido de una crianza de reinas más
conforme a la naturaleza de la abeja.

CONSTRUCCIÓN DE PANALES

Cuando observamos las abejas construyendo un panal, tenemos bajo los ojos una imagen de la precisión y de las fuerzas en acción que la Creación es capaz de poner en ejecución. La abeja nos demuestra que es posible realizar construcciones muy estables y al mismo tiempo ligeras con un material relativamente blando, que es la cera, mediante la creación de formas precisas: las celdillas y la formación de filas en un pequeño espacio: el panal.

En general se dice que la abeja forma las celdas hexagonales porque así aprovecha mejor el espacio o superficie. Esto es cierto, pero por Rudolf Steiner sabemos que no es la única razón. Él nos dice que se dieron a la abeja fuerzas muy concretas para que fuera capaz de construir celdas tan precisas. Contó que son las mismas fuerzas que existen en la Tierra y forman los cuarzos, que también son hexagonales. Dijo además que la abeja, para que sea capaz de construir celdas tiene que crecer en una celdilla semejante. La celda ejerce una influencia sobre la larva que marca su vida. Explica que precisamente en ese estado blando de desarrollo, es decir en el huevo y en la larva, la abeja absorbe más intensamente el efecto de las fuerzas de esta forma de la celda. La sustancia de la que están hechas las celdas es cera. La cera es una sustancia propia de las abejas. En la parte inferior de su cuerpo, la abeja tiene glándulas que cuando son jóvenes producen cera. Podemos encontrar y observar la cera en forma de escamas pequeñas y blandas si miramos en la basura de invierno o en el suelo de la colmena. Es decir, que para la construcción de las celdas y los panales no necesitan sustancias extrañas. En las abejas de mayor edad las glándulas de cera han cesado ya sus funciones. Sin embargo cuando las abejas pecoreadoras tienen que volver a construir, por ejemplo debido a la enjambrazón, entonces sus glándulas de cera vuelven a funcionar.

En las colmenas encontramos tres tipos de celdas diferentes, con dos formas distintas. Son para los tres tipos de abejas de una colmena: la reina, las abejas obreras y los zánganos. Las celdas de las reinas son redondas y tienen una forma parecida a un racimo de uvas. Las celdas de las abejas obreras y de los zánganos son hexagonales y cuando están operculadas tienen la forma de un cuarzo con las puntas en ambos extremos.

Las celdas de reinas las vemos individualmente diseminadas en la colmena y son construidas en los bordes del cuadro en vista del cambio de reina en una enjambrazón. Cuando son reinas de abejas obreras también las encontramos en medio del pollo. Las celdas de las obreras y de los zánganos están construidas en superficies, es decir, se construyen juntas formando así el panal. Los panales se construyen verticalmente y las celdas están ordenadas a ambos lados. Normalmente las abejas obreras y los zánganos están en panales diferentes. En la época de enjambrazón, la abeja tiende a construir celdas de zánganos en los espacios libres contiguos a las celdas de obreras. Las construcciones de las obreras y de los zánganos tienen la misma forma. Solo podemos diferenciarlas unas de otras por el tamaño de las celdas. Las abejas son bastante más pequeñas que los zánganos, por eso sus celdas son menores. La diferencia es tan grande que se puede ver a simple vista.

En las colmenas encontramos diversos tamaños de superficies para zánganos. Si dejamos actuar a las colonias según su gusto, puede suceder que una colmena tenga un panal de zánganos y otra tres. Para los humanos es muy difícil saber a simple vista cuántos panales de zánganos necesita una colmena. Las colonias se guían según sus propias necesidades y construyen diverso número de panales. Si el apicultor quiere regular o influenciar el número de panales a construir, tiene que dar a la colonia la posibilidad de tener al menos un 10% del total de panales de zánganos. Desde que nuestras abejas padecen parasitación de varroa, se ha observado que crían mayor cantidad de zánganos. Se piensa que es una forma instintiva para proteger la cría de obreras, ya que el referido ácaro "prefiere" aovar en tales celdillas por ser más grandes, estar mayor número de días operculadas y estar más alejadas lo cual tiene como consecuencia una temperatura más suave, todo lo cual favorece al ácaro. Retirar y destruir estos cuadros de zánganos cuando están en su mayoría operculados representa eliminar y controlar en parte la varroa.

Panales naturales

Los panales naturales son los que construyen las abejas sin la indicación del cuadro. Los panales naturales los encontramos allí donde no se dejan cuadros para que las abejas estiren panales. Los panales naturales los encontramos en la antigua apicultura, en las colmenas en los troncos de los árboles así como en las colmenas rústicas (los cestos). Fue cuando August von Berlepsch (1815-1877) inventó el cuadro de construcción y el carpintero Mehring (1816-1878) fabricó el primero cuando se fueron dejando de lado los panales naturales. Paralelo al desarrollo de los cuadros fueron cambiando las colmenas. Las colmenas rústicas iban desapareciendo y cada vez se utilizaban más los cajones. Actualmente solo encontramos panales naturales en la construcción para zánganos. Los panales naturales de abejas obreras podemos solo encontrarlos y admirarlos en las colonias de fecundación y en las últimas colmenas rústicas como la colmena de Lüneburg o la colmena cuadrada de Kanitz.

Si observamos las capacidades que tienen las abejas, vemos que una de ellas es la construcción de los panales naturales. La capacidad de construir celdas y panales es para la abeja una necesidad y algo importante. Rudolf Steiner, en sus conferencias sobre las abejas, hace una comparación entre el ser humano y las abejas. Compara a la reina con las células de proteínas, las obreras con la sangre y los zánganos con los nervios. Continúa en su comparación, diciendo que lo que representa el cuerpo humano son en las abejas los panales. Nos dice que los panales son el cuerpo de la colmena. Si tenemos esto presente, nos hacemos entonces conscientes hasta qué punto es importante que la abeja pueda construir los panales. Las abejas construyen panales, es decir el cuerpo de la colonia, a partir de la cera que segrega el propio cuerpo de la abeja para ser utilizada. Esto nos demuestra que el cuerpo de la colonia nace de sustancias del cuerpo de cada abeja. Si observamos el desarrollo de cada abeja en sus diferentes etapas, vemos que cada abeja pasa la etapa de abeja obrera constructora con la cera. Esto quiere decir que cada abeja participa en la construcción y mantenimiento del cuerpo de la colmena mediante las capacidades de su cuerpo.

Para el que conozca el lenguaje de apicultura, es interesante la calificación de los panales como el cuerpo de la colonia. En el lenguaje de los apicultores hay una diferencia entre la colmena con panales y sin ellos. Cuando hablamos de una colmena, siempre incluimos en nuestros pensamientos a los panales. Cuando hablamos de una colonia sin panales, hablamos entonces de una colonia desnuda. El concepto de desnudo lo utilizamos generalmente cuando una persona no lleva ropa o cuando una cría de ratón no tiene todavía piel. En el caso de la abeja, nos referimos a una colonia desnuda, no cuando no tiene colmena sino cuando no tiene panales. El concepto de colonia desnuda se refiere a la no existencia de la corporalidad de toda la colonia en su conjunto. Esto sucede en el caso de los enjambres naturales y artificiales.

Si observamos el cuerpo humano, constatamos que tiene una forma humana. Si observamos hoy día los panales de una colmena vemos que son cuadrados. ¿Debemos entonces suponer que las abejas tienen tres formas básicas: la redonda de la realera, la hexagonal de las celdas de las obreras y zánganos y la cuadrada del cuerpo de la colonia? Para saber cuál es la forma del cuerpo real de la colonia deberíamos dejar construir al enjambre tal y como desee. Introducimos al enjambre en un cajón, que puede ser cuadrado y vacío. Como describimos en el capítulo sobre enjambres, les ponemos alimento y les dejamos construir sin cuadros y sin banda. Después de una o dos semanas podemos admirar los panales, es decir el cuerpo de la colonia. El observador quedará admirado, ya que el enjambre ha construido "su cuerpo" completamente diferente de lo que hubiera supuesto. Por un lado, el enjambre no prevé construir panales totalmente planos. Pueden ser ondulados o formar esquinas. Por otro lado no se deja influir por la forma cuadrada del cajón y construye su cuerpo de forma redonda. En una colmena rústica esto nos parece normal ya que el enjambre no tiene otra opción, pero en el cajón cuadrado es sorprendente que aquí también elija la forma redonda. Si ponemos cuadros al enjambre o unas hojas de cera estampada para que pueda construir, entonces esta forma se borra y es difícil que se muestre.

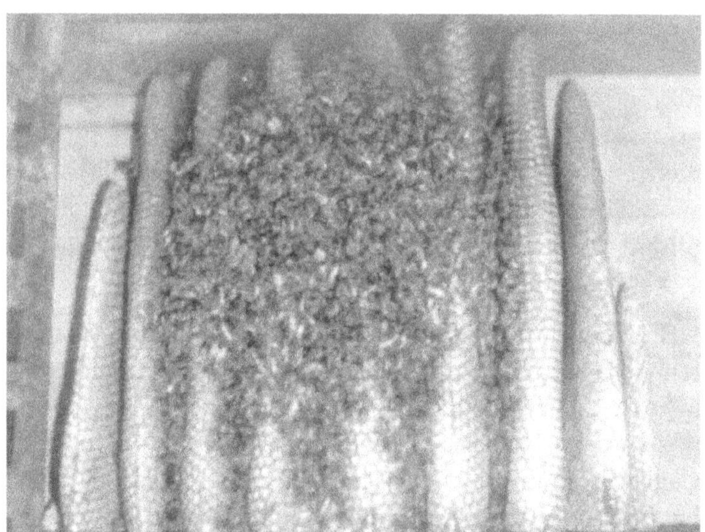

Este enjambre no ha encontrado habitáculo. Ha construido todos los panales al aire libre. La forma redonda se reconoce

Esta forma redonda Rudolf Steiner la califica de "solar", significa mucho para la abeja y no solo la encontramos en la construcción de panales o en las realeras, sino también en el pollo. El pollo de una colonia siempre tiene la forma redonda y es visible verticalmente, no solo en cada panal de cría sino también horizontalmente en el conjunto del pollo. Es decir que esta tercera forma en la colonia: la cuadrada, en realidad no es real sino que se la hemos impuesto y no es típica de la abeja.

Cuando observamos a una persona, vemos el cuerpo con la cabeza y los cuatro miembros. Podemos reconocer una estrella de cinco puntas. Cuando observamos a la colonia, vemos su cuerpo que se compone de panales orgánicamente colocados unos junto a otros.

Están construidos y reunidos de tal manera que se reconoce en ellos una esfera, es decir la forma redonda. La colonia siempre intenta tener una forma solar redonda. Solamente a causa de la forma de la colmena va a verse impedida en ello. En la cría podemos encontrar esta tendencia hacia la redondez, que puede tender hacia lo oval cuando la superficie de los panales no es un cubo sino un plano cuadrado. Esta deformación de redondo a oval también se repite en la colmena rústica, cuando la anchura o la altura es mayor que el diámetro. Ferdinand Gerstung (1860-1925) observó colmenas durante muchos años y concluyó que el diámetro original de un pollo era de 26 cm. Tenemos que tener en cuenta este tamaño y nunca dejar que sea menor, cuando construimos colmenas y tenemos en cuenta estos detalles.

Panales naturales en colmena de Lüneburg

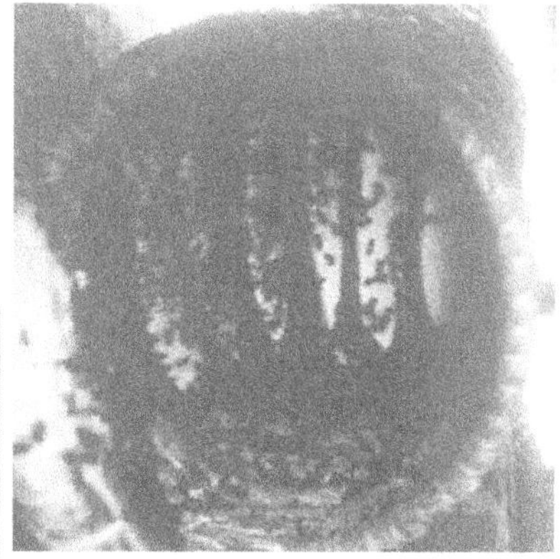

Panales naturales en un tambor de Thüring. Una imagen curiosa, ya que este tipo de colmenas solo se encuentra en museos

La hoja de cera estampada

Este tabique estampado es un invento que tenemos que agradecerle a la buena capacidad de observación y destreza manual del carpintero Mehring. Él constató que las abejas no juntaban celdas completamente hechas. La abeja construye primero una plancha de cera, hace unas hendiduras que después serán el fondo de las celdillas y comienza a continuación la edificación de las paredes de las celdillas.

De estas observaciones le surgió la idea de ofrecer a las abejas planchas de cera con cavidades que ellas solo tendrían que convertir en celdas. Fabricó de madera el prototipo de prensas para hoja de cera estampada de hoy, hizo las planchas de cera con ellas y vio que el resultado de sus observaciones era correcto.

Desde entonces se utilizan los tabiques medianos en la apicultura, solo que de mayor tamaño. La apicultura actual sin cuadros es impensable. El concepto de tabique surgió de la manera siguiente (en alemán "pared medianera"): si cortamos un panal a través veremos que su perfil muestra que en cada cara hay celdas y las celdas están separadas en el medio por una pared que es el suelo de las celdas. Este suelo es la pared medianera, en español.

*Aprovechamiento de las construcciones naturales
y del cuadro*

Si tenemos en cuenta el apartado anterior sobre las construcciones naturales, entonces nos preguntaremos cuál es la forma de construcción de panales que pueda satisfacer a las abejas. Para poder responder, tenemos que mirar más detalladamente los panales naturales y el cuadro. Ya hemos hablado de la forma redonda del cuerpo de la colonia y de la celdilla real. Hemos indicado que las abejas dan mucha importancia al hecho de poder tener reinas nacidas de celdas redondas, es decir que

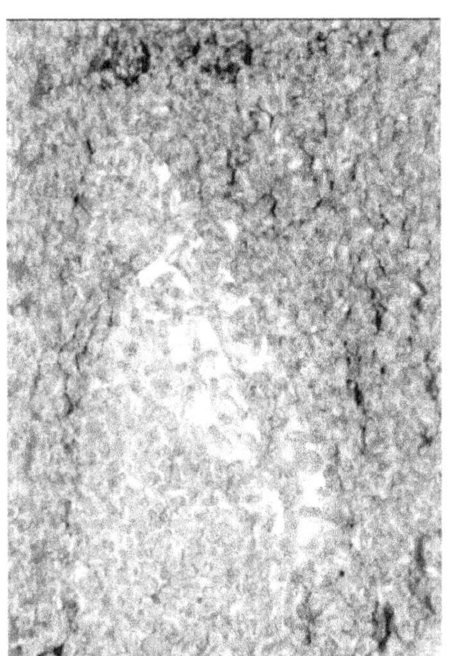

Construcción natural de un pequeño enjambre secundario, que se ha orientado en la parte caliente del cajón. Aquí hay un cajón ocupado. El segundo panal tiene celdas, que en la parte superior no tienen el ángulo adecuado. Aquí no se puso cría.

Este enjambre no ha conseguido construir un solo panal de dos panales en forma de corazón. En el medio, las celdas no coinciden. Tampoco están en la parte superior.

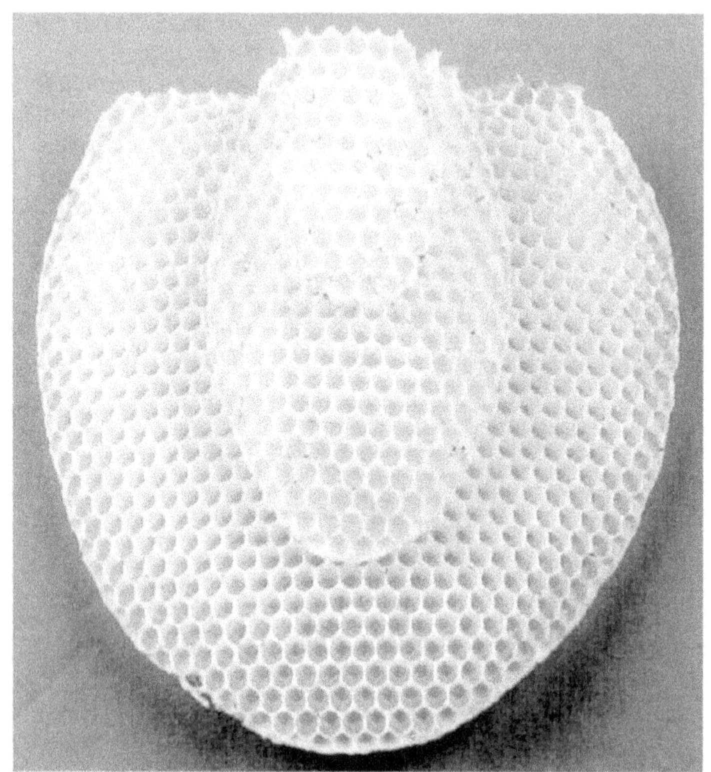

Panales en forma de corazón, tal y como fueron construidos por un enjambre. La "suciedad" que se ve en los bordes de las celdas, es própolis

Cuadros: a la izquierda hay una construcción de obreras y a la derecha, de zánganos. En ambos lados hay cría operculada.

desde el primer día de su concepción puedan crecer en celdas redondas. Rudolf Steiner explicaba ya en sus conferencias sobre las abejas, que la forma redonda es una forma solar que tiene fuerzas solares, dicho de otra manera que las fuerzas solares actúan sobre la reina que está creciendo. En el caso de una reina que nace de una larva obrera, que no ha podido absorber estas fuerzas redondas durante todo el tiempo de su desarrollo, la colonia no la considera una reina completa.

Así como la forma redonda de la abeja actúa sobre la reina, también lo hace la forma hexagonal de la celda sobre la abeja obrera. La celda hexagonal tiene un efecto totalmente diferente sobre la abeja obrera. Rudolf Steiner dice que las obreras pueden construir celdas hexagonales con tal precisión, porque ellas han crecido en una celda hexagonal y han absorbido sus fuerzas formadoras. Esta capacidad de construir se debe a las fuerzas hexagonales.

Si tenemos en cuenta todo lo que hemos dicho sobre el cuerpo de la colonia, parece normal que consideremos el cuerpo de la colonia, es decir los panales y, con ellos, las celdas como una forma influida por la abeja y las sustancias que segrega su cuerpo. Pero esta construcción natural, al no responder a las exigencias técnicas de una apicultura moderna y racional ha desaparecido prácticamente, excepto en los casos ya nombrados anteriormente.

El que encuentre lógico todo lo expuesto sobre la construcción de panales y quiera ayudar a la abeja a darle la posibilidad de construir en forma natural, comprobará que no es tan fácil acostumbrar de nuevo a las colonias a construir naturalmente celdillas de obreras. Si dejamos construir a las colonias de forma natural, sin panales ni cuadros con hoja de cera estampada, las abejas caen en una euforia de construcción de celdas para zánganos. Construyen enormes cantidades de celdas para zánganos, que no necesitan.

Cuando cambiamos a las abejas a su construcción natural, ellas experimentan con los zánganos lo que sucede en la agricultura cuando cambiamos al cultivo biológico o biodinámico. Cuando retiramos los pesticidas, el agricultor ve que la tierra produce enormes cantidades de hierbas durante el primero o dos primeros años, que por su extensión terminan convirtiéndose en hierbas adventicias. Uno tiene la impresión de que la tierra permite con retraso que las hierbas puedan crecer, lo que estaba prohibido con los pesticidas. Lo mismo le sucede a la abeja cuando puede construir como ella quiere. Cría muchos zánganos, cuya presencia va desapareciendo si cuidamos de forma correcta a las colmenas.

Si queremos preparar las colonias para que construyan de forma natural, es correcto si les dejamos dos o tres panales de zánganos. Tan pronto como haya terminado la enjambrazón, podemos empezar a cambiar la colonia a la construcción natural de celdas obreras. Para ello es mejor retirar la rejilla de cierre y poner cuadros en dos tercios de la cámara de miel, que disponen solo de un cuadro cortado en diagonal. Este medio cuadro está pegado de tal manera que toca el marco superior. Ya que este cuadro no es tan estable como uno entero, lo pegaremos con cera líquida a ambos lados superiores, como si fuera una viga de construcción. El resto del espacio de la cámara de miel se rellena con planchas de paja. Deben ocupar solo dos tercios de la cámara de miel para que terminen de construirse los panales. Más tarde puede dejarse todo el espacio para que construyan.

La colmena en la que las abejas van a construir de forma natural, tiene que estar totalmente horizontal para que las abejas puedan incluir en la construcción el alambre del cuadro de la pared medianera del panal. Gracias al alambre del marco los panales son estables para poder ser centrifugados. Si practicamos el cambio de cuadros a construcciones naturales durante uno o dos años, en vez de tener medias paredes intermedias tendremos tiras de construcción, como ya hemos indicado en el apartado de enjambres, que en su conjunto forman panales.

La construcción natural que parte de tiras solo se permite generalmente en la cámara de cría. Normalmente está construido de tal manera que no puede centrifugarse, ya que a los lados y por abajo no está muy extendido. Para conseguir panales naturales que podamos centrifugar, haremos lo siguiente: necesitamos un buen cuadro marrón claro o marrón. Lo cortamos de tal manera que en el marco superior queden unos 3 cm de filas de celdas y a los lados y en el marco inferior dejamos media fila de celdas. Estas celdas harán la función de cuadro, que con un cuchillo cortaremos al sesgo en dirección al suelo de las celdas para que las abejas tengan un buen principio de construcción. Si las colmenas están verticales las colonias construyen mejor panales naturales, que se unen a las celdas que hemos dejado. En el espacio sobre la cría, lejos de la piquera se construyen los panales más bonitos. Los panales cortados tienen que estar limpios y no provenir de colonias que tengan nosema o disentería, reconocibles en las deposiciones que dejan. De esta manera impedimos contagios.

Si utilizamos cuadros nuevos con tiras, embadurnaremos la cara interior del cuadro con cera líquida para conseguir una amplia superficie de celdas en él.

Si de repente las abejas pasan de la construcción de celdas obreras a celdas de zánganos, podemos enderezar la construcción. Cuando cortamos la construcción de celdas de zánganos, cortamos la última fila de construcción de celdas de obreras para que no quede ni una celda de zángano. Si dejamos alguna celda de zángano, se seguirían construyendo a partir de ella más celdas de zángano.

La parte cortada se afila bien para que la abeja pueda continuar la construcción de celdas obreras. Esto solo lo conseguimos antes y después de la enjambrazón. Una colonia que está preparando un enjambre, va a construir más celdas de zánganos o simplemente deja de construir.

La edad de la reina juega un papel importante en el éxito de traspaso de colmenas con panales a colmenas de panales naturales. Podemos hacer un paralelismo entre la calidad de construcción de un primer enjambre con la reina madre y un segundo enjambre con la reina joven. Es recomendable empezar con una buena reina joven, ya que estas colonias no enjambran tan fácilmente y construyen más rápidamente panales naturales de obreras.

Resta la pregunta de por qué las colonias construyen tan bien en la cámara de miel y por qué quitamos la rejilla. La colonia tiende a formar un cuerpo redondo. Si ponemos los cuadros en la cámara de miel, la colonia intenta construir una superficie cerrada desde el cuadro superior. Para ello irá del cuadro superior al inferior para conseguirlo. Esto no lo conseguimos tan fácilmente en la cámara de cría, ya que una superficie de panal abierta hasta el suelo de la colmena no parece molestar como en medio de los otros panales. La rejilla es un cuerpo extraño entre los panales y debemos retirarlo durante la construcción para dejar "crecer" los panales.

Para estimular la voluntad de construcción, podemos aprovechar el efecto cósmico de los días de Tierra-Raíz y en ellos realizar las operaciones que tienen como consecuencia la construcción de panales. Los próximos trabajos los debemos hacer en días de Luz-Flor o Calor-Fruto. Si conseguimos cambiar las colonias a la construcción natural de panales, tendremos que trabajar para poder rejuvenecer las reinas con nuestras propias colmenas. Si compramos siempre nuevas reinas será muy difícil mantener el instinto de construcción natural, ya que las crías de esta reina tienen que aprender a construir de forma natural. Merece la pena practicar en las propias colmenas la selección de cría, para llegar a tener una buena abeja.

La construcción de panales con cuadro es algo natural en nuestros días. Con los cuadros es posible obtener más panales que los que podríamos tener con panales natura les. El cuadro podemos utilizarlo en toda la colmena, pero no en la cámara de cría. Si la ponemos en el momento oportuno, será utilizada en la cámara de cría. Se considera una ventaja ya que con los cuadros las abejas construyen pocas celdas de zánganos, con lo que tenemos casi solo panales de obreras.

Para comprender mejor la diferencia entre panales naturales y cuadros, podemos ver el desarrollo de aparición del cuadro a partir del antiguo panal. El apicultor puede hacerse sus propios cuadros, o bien lleva sus viejos panales a una fábrica de cera y le devuelven cuadros listos. El proceso de un panal viejo a un cuadro es el siguiente.

Los viejos panales se derriten a Baño María o al vapor. La papilla que resulta de la cera, las pieles de ninfa y las deposiciones de abeja, se prensa o se cuela para que la cera y las sustancias sólidas se separen. Lavamos varias veces la cera para quitar toda la suciedad. Con esta cera se hacen los cuadros, bien con un proceso especial, bien con una prensa. Para evitar que se pegue la cera al laminador o la prensa, hay que limpiarlas continuamente con un disolvente.

Los cuadros que compremos tienen que estar desinfectados, es decir que la cera con la que están hechos los cuadros tiene que ser calentada a 1200° durante una media hora larga. Este proceso es necesario para matar los restos de pollo podrido que es bastante difícil de quitar. En el capítulo sobre enfermedades de abejas hablamos de la cría podrida.

Los panales viejos siempre se derriten y se trabajan para nuevos cuadros, por lo que puede suceder que parte de la cera de un cuadro ya ha pasado el proceso de desinfección varias veces. En los cuadros tenemos cera nueva y también cera muy vieja.

Sabemos que la cera es una sustancia muy resistente. Pero ¿sabemos qué cambios se producen a nivel sutil cuando calentamos a altas temperaturas la cera? ¿Esta cera del cuadro es de igual calidad que la recién producida por las abejas? Apenas podemos imaginárnoslo. Si observamos la aparición del cuerpo de la colonia, es decir los panales, tenemos la pregunta que si tal cuerpo, que en parte esta hecho con cera "sobrecalentada", puede ofrecer a la abeja la misma calidad que los panales naturales.

Si comparamos un panal natural con un cuadro, vemos que el panal natural tiene paredes más finas. Esto se debe a que tienen que construirse más gordas, para poder sobrevivir todos los procesos hasta ser soldadas en el marco. Pero ya que la abeja no acepta un cuadro tan gordo, retira ella misma la cera que le parece excesiva y utiliza los restos de cera para las paredes de celdas. Esto significa que las paredes de las celdas de un panal de un cuadro no son por entero de cera nueva, sino que en el mismo cuadro 1/3 es de cera antigua y los otros 2/3 son de cera nueva. La diferencia entre la cera del cuadro antiguo y la cera nueva se puede ver en el color de la cera. La cera del cuadro suele ser amarilla. La cera nueva que sale de la glándula de la abeja es por el contrario totalmente blanca.

Rudolf Steiner llamó la atención sobre el hecho de que la abeja recibe más intensamente el efecto de las fuerzas de la forma hexagonal, precisamente en la fase de crecimiento blanda cuando es un huevo o una larva. Si tenemos también en cuenta que las sustancias tienen una repercusión sobre los seres vivos, está justificada la pregunta de si el desarrollo de la abeja recibe influencias diferentes con el cuadro y con el panal natural. Si pensamos que la abeja durante su estado de larva crece en una sustancia que en realidad es cera vieja recalentada, podemos imaginarnos que los panales de los cuadros no tienen las capacidades sustanciales que tienen los panales naturales.

Con todo lo que hemos dicho, queda claro que los cuadros que les ofrecemos a las abejas, las induce solo a construir su cuerpo con sustancias viejas ya usadas y al mismo tiempo construir celdas que tienen la forma de las celdas de panales naturales, pero que no transmiten el mismo efecto sustancial.

Si queremos que la abeja tenga un cuerpo sano, tenemos que aspirar a que tenga panales naturales. Si para nosotros lo más importante es una apicultura sencilla y sin complicaciones, entonces nos decidiremos por los cuadros.

Después de estas explicaciones, queda también claro que para la abeja hay una diferencia considerable entre ambos métodos. El que quiera reconocer este hecho tiene que tener presente que el cambio de cuadro a panal natural no es tan sencillo, como el cambio a la inversa. El apicultor no solo necesitará paciencia sino también comprensión hacia la abeja, para poder tener éxito con unos buenos panales naturales. El que se decida por ello puede estar convencido de que actúa de forma activa para la salud de sus abejas.

Hemos descripto ya que la abeja construye bien en la cámara de miel. En relación con ello, queremos comentar algo que en realidad pertenece al apartado de miel. Pero ya que se trata de los panales recién hechos, lo añadimos. Algunos apicultores dejan en la cámara de cría los panales nuevos y en la cámara de miel ponen los panales que la colonia no desea más para la cría. Si comparamos las diferentes mieles, llegamos a la conclusión de que en la cámara de miel necesitamos panales nuevos como en la cámara de cría. La miel que ha madurado en panales blancos o marrón claro sabe mucho mejor que la miel que lo ha hecho en panales marrón o incluso negros. Si deseamos una miel de sabor puro solo es posible en panales totalmente blancos. La reducción de sabor en los panales oscuros no viene solo de las partículas de suciedad que quedan enganchadas en los panales viejos, sino también de las pieles de ninfa y de las deposiciones de las larvas.

El color de un panal no depende solo de la edad sino también de cuántas veces se ha utilizado para la cría. El panal nuevo se llama panal blanco. Es blanco y todavía no ha sido utilizado para la cría. Si un panal ha sido usado pocas veces para la cría se vuelve marrón claro; si ha sido utilizado a menudo se vuelve marrón-negro.

Estos panales hay que retirarlos de la colmena y fundirlos. Con cada abeja que sale de una celda queda la piel de ninfa detrás, en la celda y disminuye el tamaño de la celda. Esto significa que en las que se han usado mucho para la cría, solo se desarrollan abejas más pequeñas que las que crecen en celdas poco utilizadas para la cría. En la apicultura de hoy en día, en la que el apicultor tiene influencia sobre la edad y el estado de sus panales, cambiará los panales negros.

En la naturaleza, por ejemplo, cuando las abejas tienen su colmena en un árbol este trabajo lo hacen las abejas mismas. Si la abeja tiene la impresión de que las celdas son demasiado pequeñas, entonces rebaja la pared de las celdas hasta el suelo de las celdas y construye una nueva celda sobre el cuadro nuevo que queda. Según se ha observado, esto lo hacen cada cuatro o cinco años. Es interesante observar que este ritmo de cuatro a cinco años de la colonia que vive libremente, coincide paralelamente con la edad de la reina. Los panales que se renuevan son principalmente los de la cámara de cría de las celdas obreras, ya que con la cría se van haciendo más pequeños. Podemos hacer una conexión entre la reina y la cría y la cámara de cría, ya que aquí la reina tiene tareas importantes y es, por así decirlo, la zona de la reina. La cámara de cría no solo es por la cría la zona de la reina, sino también por su forma claramente redonda como el Sol. aquí la reina, un animal solar, vive y se entrega por entero.

El apicultor que trabaja con razas modernas y cruces, seguramente no está de acuerdo si comparamos la edad de la reina y la edad de los panales. Tenemos por ejemplo la raza cárnica, de la que sabemos que enjambra con facilidad y las reinas apenas se quedan cuatro o cinco años en una colmena, ya que antes se han ido con el en-

jambre. Hoy en día además, no se mantiene una reina
cuatro o cinco años a no ser que sea una buena criadora
que queremos conservar a toda costa. Estas observaciones del ritmo de cuatro a cinco años se hicieron cuando
todavía existían las abejas autóctonas, pero tenemos que
tenerlo en cuenta. Las razas antiguas, es decir las que no
estaban cruzadas, no enjambraban tan a menudo como
algunas abejas de hoy día. Las razas autóctonas hacían
el cambio de reina dentro de la propia colmena en calma,
lo que es menos frecuente en las abejas de nuestros días.
De esta manera, la construcción de los panales y la edad
de la reina coinciden.

LA MIEL

Si seguimos la actividad de un año, después de la enjambrazón viene la recolección de miel. Hay algunas regiones en las que la recolección de miel sucede antes o durante la enjambrazón. Para poder recolectar la miel es importante saber dónde la guardan las abejas. Al respecto, podemos tomar nota de una regla que las abejas siempre cumplen. Generalmente se dice que la cámara de cría está en la parte baja del cajón y la cámara de miel arriba, en el alza. Esto es cierto si en esta colmena la piquera está abajo. Normalmente es importante decir que la cámara de cría está cerca de la piquera y la miel está lejos de la piquera. Dicho más sencillo: la cámara de cría está junto a la piquera y la miel bien lejos de la piquera. Esto no significa que la abeja almacene la miel en el rincón más alejado del alza. Las abejas tienen un sentido del orden cuando almacenan sus reservas.

Aparte de la cría y la miel, tenemos también el polen que guardan las obreras. Si miramos la cámara de cría vemos la cría colocada en círculo y más allá hay una corona de polen seguida de una corona de miel. Este orden nos muestra que los panales que hay en la cámara de cría necesitan tanto espacio como sea posible para guardar aquí, no solo la cría sino también algo de polen y miel. La miel que se almacena fuera de la cámara de cría se encuentra en la cámara de miel. Para impedir que la reina críe también en la cámara de miel, podemos separar este espacio con una rejilla para reina. A través de la rejilla solo pueden pasar las abejas obreras.

En algunas regiones hay recolecciones tempranas, muy pequeñas, pero que sin embargo el apicultor quiere aprovechar. Para este tipo de recolecciones, la cámara de miel es demasiado grande y la colonia todavía no es lo suficientemente fuerte para rellenar todo este espacio. La poca cantidad de miel se repartiría en muchos panales y no sería posible centrifugarlos. Para aprovechar esta pequeña recolección, detrás de los cuadros de construcción ya existentes podemos colgar uno o dos panales marrón claro. Las abejas llevan la miel a estos panales, que pueden ser centrifugados cuando maduren.

Para este caso, podemos aprovechar los cajones almacén que pueden ampliarse hacia atrás cuanto deseemos. Si tenemos cajones de abertura superior, cuyo espacio está limitado, hemos probado con éxito las cámaras de miel de media altura para recolecciones tempranas y pequeñas recolecciones. Si ponemos dos cámaras de miel una sobre otra, tenemos la altura que necesitamos para poner panales enteros. En estas cámaras de miel de media altura podemos poner medios panales o panales gruesos.

En el capítulo sobre construcción de panales hemos hablado de tres diferentes tipos de celdas: la celda redonda de la reina que se construye dependiendo del momento del año, las celdas hexagonales de las obreras que forman panales enteros, las celdas hexagonales de los zánganos que se construyen en gran cantidad y pueden formar medios panales o panales enteros. En las realeras no se almacena ni miel ni polen. Tan pronto como ha salido la reina, se recorta de nuevo. En los panales de obreras se almacenan principalmente miel y polen, donde maduran.

Si en una colmena hay varios panales de zánganos, veremos que normalmente son panales que no se utilizan para guardar la miel y el polen. Solamente cuando hay un exceso de oferta de néctar, puede suceder que las abejas utilicen las celdillas de zánganos como almacén temporal si no hay suficientes panales de obreras vacíos. La miel que se guarda aquí, si no está operculada es la primera que se consume y cambia de celda. Uno tiene la impresión de que la abeja prefiere las celdillas de obreras para guardar la miel y el polen. Hasta hoy no hemos podido constatar que se guarde polen en las celdas de zánganos.

Estas preferencias se observan bien en el cuadro de observación. Si una colmena tiene cuadro de observación puede ser que comience a construir celdas de obreras. Es un momento en el que no hay seguramente enjambrazón. Si después siguen unos días con mal tiempo, los trabajos de construcción se paran momentáneamente. Durante este período de mal tiempo incluso surge en esta colonia el instinto de enjambrazón. Si mejora el tiempo se continúa con los trabajos de construcción. Pero cuando ha empezado a formarse la enjambrazón, entonces ya no se construyen celdas obreras sino de zánganos. De esta manera encontramos en el cuadro de observación una mezcla. Si en ese momento comienza una recolección, podemos ver que también se guarda néctar en el cuadro de construcción si no ha puesto huevos la reina. Las abejas prefieren claramente las celdas obreras y se muestran recelosas de las celdas de zángano.

Nos preguntamos por qué no se utilizan las celdas de zángano para almacenar, si al fin y cabo son del mismo material que las de las obreras y tienen la misma forma, solo que son más grandes.

Encontramos un paralelismo en la agricultura de orientación antroposófica (biodinámica). En este método de agricultura se usan preparados que durante su elaboración han estado almacenados en cuernos de vaca.

Rudolf Steiner explicaba que estos preparados hay que guardarlos en cuernos de vaca y no en cuernos de toro ya que este animal no tiene, al igual que la vaca, las mismas potencialidades. Es decir que hay que almacenarlo en el cuerno de un animal hembra. Los ensayos realizados lo han confirmado. Si tenemos esto en cuenta, podemos imaginarnos que las celdas de las obreras son portadoras de otras fuerzas diferentes a las que tienen las celdas de zánganos a pesar de que tengan la misma forma, al igual que los cuernos de una vaca y un toro que, aunque son iguales, pertenecen a dos tipos de animales diferentes. La abeja parece reconocer las diferentes celdas y utiliza generalmente las celdas de obreras para almacenar la miel y el polen.

Si las abejas están en una región de recolección temprana, siendo esta la principal y de la que depende el apicultor, entonces tendrá que usar una apicultura dirigida a esta recolección temprana. Para tener éxito con estas colmenas tiene que adaptarse a los procesos de las abejas.

El objetivo que tiene un apicultor es que, al principio de la recolección, muchas abejas pecoreadoras salgan de la colonia. Las abejas de invierno que en primavera están en la colmena, no están ya en condiciones de prodigar muchas fuerzas para efectuar una abundante cosecha de néctar. Para equilibrar la laguna que aparece a principios de la primavera, cuando las abejas mayores pierden peso, el apicultor de primavera tiene que estimular a las abejas con una alimentación especial para que pueda aprovecharse bien toda la recolección.

El alimento estimulante se compone generalmente de una pasta de miel y azúcar que aumenta la puesta de huevos más de lo normal. Debido a este aumento de cría, en un momento determinado habrá más abejas pecoreadoras. La dificultad reside en el hecho de saber cuándo empieza la recolección y a partir de qué momento tenemos que dar el alimento estimulante.

El inicio de la recolección podemos determinarlo después de observar durante años el lugar y conociendo el desarrollo de las plantas. Si sabemos que el diente de león florece a principios de mayo y que la constelación de Mercurio es favorable para el néctar, el apicultor empezará 40 días antes a dar alimento estimulante. ¿A qué se debe este margen de 40 días? En este caso, observamos el desarrollo de las abejas y constataremos que la abeja obrera necesita 40 días desde la puesta del huevo hasta que se convierte en una abeja pecoreadora.

Es decir que si las colmenas quieren tener suficientes abejas a principios de mayo, para aprovechar al máximo la recolección del diente de león, empezaremos el 20 de marzo a dar alimento estimulante. Tenemos que tener en cuenta que hay que comenzar a dar alimento estimulante cuando las abejas ya vuelan, y ya está el primer polen en el aire de los avellanos, alisos y sauces, por ejemplo. Si este clima fuera demasiado frío para el vuelo de las abejas, el alimento prematuro y el polen para la colonia faltaría. Las abejas de invierno darían sus fuerzas en exceso para la cría, ya que el polen es necesario para la cría intensa y todavía falta. En este caso es mejor esperar hasta el primer polen.

Estos 40 días son en el desarrollo de la abeja lo que llamamos la regla de 40 días. Desgraciadamente no damos demasiada importancia a este ritmo, porque en él podemos ver la gran diferencia que hay entre el grupo de abejas en la colmena y el grupo de abejas, que son parte de las abejas pecoreadoras. Si intentamos descubrir el secreto de esta medida de 40 días, podríamos pensar que las abejas pecoreadoras ya no tienen un contacto estrecho con la colmena, nos guiamos por la imagen exterior que dan.

Si nos fijamos, cuando en la vida tenemos esa vivencia de los 40 días, encontramos importantes puntos de referencia que podrían ayudarnos a entender las consecuencias de este proceso de 40 días.

Conocemos los siguientes procesos:

- 40 días y noches llovió durante el Diluvio Universal.

- 40 días ayunó Cristo en el desierto.

- 40 días de ayuno del Miércoles de Ceniza hasta Pascua de Resurrección.

- 40 días hay desde Pascua de Resurrección hasta la Ascensión.

- 40 días desde la elaboración de la levadura hasta su renovación.

- 40 días necesita la abeja desde la puesta del huevo hasta que es una abeja pecoreadora.

Estos son algunos puntos de referencia en los que vemos cómo el ritmo de 40 días es importante. Cuando vemos estos ejemplos, nos preguntamos que tiene esta medida de 40 días. Dicho de manera simple se necesitan 40 días para aclarar algo o para prepararse para algo, que tiene que perfilarse en ese tiempo para que después de 40 días pueda haber un nuevo impulso.

Si vemos la vida de las abejas obreras, durante ese tiempo la abeja se desarrolla en el seno del organismo colmena antes de abandonarlo, después de 40 días, para llegar a ser pecoreadora o libadora y dedicarse al mundo exterior. Como abeja de colmena se encarga de que la vida sea armoniosa. Después de estos 40 días se libera de esta responsabilidad y asume una tarea totalmente nueva. Tiene que enfrentarse a todas las dificultades que la esperan en el mundo exterior, pero al mismo tiempo, al recoger agua, polen y néctar, garantiza las sustancias fundamentales para hacer la vida posible a las abejas de la colmena que viven en la oscuridad. Durante el día se aparta de la influencia directa de la reina y se dirige hacia el mundo exterior. Y en ese momento en el que es libadora no obra de manera orgánica en la colmena como antes. Podemos decir pues que la etapa de la vida de la abeja como pecoreadora, no solo es una etapa sino que es prácticamente otra vida que se entrega sin embargo de lleno al servicio de la colmena.

Si gracias a los preparativos y al alimento estimulante tenemos suficientes abejas pecoreadoras en la primera recolección, podemos estar tranquilos. Solo queda la esperanza de que las constelaciones cósmicas actúen de tal manera que la cosecha corresponda al esfuerzo y las colonias tengan suficientes reservas.

Durante todo el año hay diferentes plantas que ofrecen néctar; siempre es interesante ver en qué momento las abejas se precipitan hacia el néctar y cuáles son las flores visitadas. Lo más sencillo es seguir el camino de las abejas. El apicultor que practica en el mismo lugar desde hace años, viendo la dirección del vuelo de las abejas ya sabe la fuente de la recolección, que puede ser de diferente naturaleza. Puede ser por flores o por nectarios fuera de flor de los árboles.

Teniendo en cuenta cómo sale el néctar de las plantas, distinguimos dos grupos de néctar. Son los nectarios de flores o los nectarios fuera de flor. Se diferencian básicamente por su origen. Los nectarios de flores tienen su

origen en los órganos de las plantas que se encuentran
en las flores, independientemente de si son flores, hierbas de prado o árboles. El néctar de flores solo se encuentra en las flores.

Los nectarios fuera de flor son sustancias parecidas al
néctar; es lo que llamamos mielada, que puede aparecer
donde las plantas de leño echan retoños, hojas o pinochas. Para que pueda surgir este néctar sin flor, se necesitan pulgones. Es decir, los nectarios fuera de flor, no
son originalmente órganos de plantas que producen sino
que hay un miembro intermediario entre la planta y la
abeja: el pulgón, que chupa la savia de la planta, y la de-
vuelve de tal manera que la abeja la puede recoger.

La diferencia exterior entre néctar de flor y la mielada,
es que el néctar de flor proviene de órganos propios al
efecto y el néctar fuera de flor o mielada solo puede aparecer si existe un intermediario, que es el pulgón.

Quien ya conozca la materia, le extrañará el término
de néctar fuera de flor. Normalmente hablamos de miel
de bosque, mielada o miel de nectarios fuera de flor. Si
tenemos en cuenta la enorme diferencia que hay entre
la sustancia que absorbe la abeja y la sustancia que después centrifugamos, el término de néctar fuera de flor
es correcto.

La flor puede ofrecer néctar mientras florezca. Esto
no significa que el diente de león ya desde el primer día
de su floración tenga néctar y lo conserve hasta que la
última flor se marchite. La capacidad de ofrecer néctar
depende también de los ritmos cósmicos, que no solamente hacen subir la savia en la planta y estimulan los
órganos a producir néctar sino que también influyen
sobre el clima. La tierra sobre la que crece la planta que
va a dar néctar también está influida por los ritmos cós-

micos. Está claro que tiene que haber muchos factores que coincidan para contar con la producción de néctar.

Todos los años podemos ver hasta qué punto influyen los ritmos cósmicos en la formación del néctar de las plantas. El mundo vegetal, la riqueza de las flores, puede ser cada año siempre la misma en una región. Pero la formación de néctar es muy diferente. Pasa de una sobreoferta en un año hasta poca oferta en otro año. En estos casos, siempre culpamos al tiempo. Pero si sabemos que el clima depende también de los ritmos cósmicos, entonces comprendemos cómo todo el mundo vegetal y la formación de néctar están muy unidos al Cosmos.

Si observamos la aparición de la mielada, entonces podemos ver también la relación con los ritmos cósmicos. Los efectos de los ritmos no solo están en relación con el árbol sino también con el pulgón. Si no está el pulgón puede haber muy "buenas constelaciones de miel" pero no hay néctar fuera de flor o mielada. También hay años en los que hay más pulgones de lo normal, pero no se dan las constelaciones correspondientes para dejar estimular la savia. Todo esto deja claro que para que aparezca el néctar fuera de flor, tienen que coincidir varios factores para que se produzca la subida de salvia en las plantas, cuando hay muchos pulgones.

Tenemos que ver la aparición del néctar fuera de flor de la manera siguiente: los pulgones se encuentran en los brotes tiernos de los pinos, picea, o bajo las hojas del roble. Los pulgones agujerean con su trompa de aspersión la parte tierna de las ramas o los nervios de las hojas y extraen del sistema de canales de la planta la salvia. A continuación filtran sustancias vitales para ellos, las transforman parcialmente y arrojan los restos. Esta sustancia transformada y expulsada por los pulgones se queda pegada en las hojas y en las pinochas de las ramas que están debajo. Estas sustancias contienen azúcar y es la razón por la que la chupan las abejas y la recogen como néctar fuera de flor o mielada y lo llevan al colmenar. En alemán el néctar fuera de flor se llama "Taunektar", es decir rocío de néctar, ya que este jugo expulsado aparece sobre las pinochas como gotas de rocío.

La transformación del néctar en miel

Muchas personas que comen miel con gusto, no saben cómo se elabora realmente la miel. Piensan que la abeja recolecta la miel y la lleva a los panales. El apicultor saca la miel de aquí y se la da a otras personas. Si seguimos la idea, es también así en realidad. Si miramos con más detalle las sustancias que recolecta la abeja y las comparamos con la miel que sacamos de los panales, entonces comprobamos que son sustancias bastante diferentes. Para explicar desde el punto de vista lingüístico la diferencia, sin tener que dar fórmulas químicas, diremos que la sustancia que la abeja extrae de las flores, hojas o pinochas, se llama néctar y la sustancia que sacamos de los panales se llama miel. Para que el néctar se convierta en miel tiene que sufrir varias transformaciones. La explicación de cómo el néctar se transforma en miel podría llenar libros, por lo que hacemos solo una reseña de los puntos más importantes.

La abeja vuela sobre una flor. Antes de que extraiga el néctar la abeja lo impregna con algo de saliva. Esto no siempre es necesario. Al echar saliva en el néctar, éste ya comienza el proceso de transformación de néctar en miel. Absorbe el néctar y mientras éste pasa por el esófago para llegar al cestillo, la abeja añade otras secreciones de sus glándulas y las mezcla. La abeja no digiere lo que guarda en el cestillo, sirve de tanque de transporte. Vuela de flor en flor, hasta tener lleno el cestillo o hasta que no encuentra más néctar en las flores. Cuando vuelve a la colmena da el néctar a las abejas de la colmena que lo transportan a las celdas, o lo lleva ella misma. Si pasa el néctar a una abeja de la colmena, ésta le añade otros jugos de sus propias glándulas. Si el néctar está almacenado en las celdas, será enriquecido por las abejas al volver a ser de nuevo aspirado y segregado en otras celdas.

Para reducir el nivel de agua, se mantiene baja la humedad en la cámara de miel y así el aire seco saca el agua del néctar. Poco a poco el néctar se transforma en miel. El apicultor puede ver este proceso a simple vista. Si una tarde va a ver las abejas, observará lo fuerte que ventila la colonia. Si se coloca enfrente de la piquera, sentirá un olor maravilloso a néctar y miel. Esto se produce porque las abejas están ventilando, moviendo sus alas continuamente. El aire, enriquecido con la humedad del néctar se cambia por aire seco, repartiendo alrededor de la colmena un olor muy agradable.

Para saber si el néctar ha madurado a miel, el apicultor toma un panal de la colmena y lo sujeta horizontalmente, de tal manera que una cara del panal tiene las celdas abiertas hacia abajo. Se comprime ligeramente el panal hacia abajo. Si no cae nada del panal, entonces la miel está madura y puede sacarse. Si deseamos la máxima calidad, entonces intentamos dejar los panales de miel el tiempo más largo posible en la colmena hasta que todas las celdas estén llenas y operculadas. Cuando tengamos melcocha, es decir miel con alto contenido de azúcar, no vamos a esperar tanto, ya que si no no podemos centrifugarla por su rapidez de cristalización. Los otros tipos de miel ganan calidad al ser operculadas las celdas y lo demuestran en su mejor sabor y siendo más digestivas.

La transformación del néctar en miel podemos explicarla desde el punto de vista de las sustancias. El néctar tiene un alto porcentaje de agua, aproximadamente un 70%, que al pasar a ser miel baja a un 20%. El néctar contiene mucho azúcar de caña, que en la miel se transforma totalmente en fructosa y glucosa. Esta transformación de azúcar se realiza por las sustancias que segregan las glándulas de la abeja, convirtiendo a la miel en una sustancia muy valiosa para el organismo del ser humano. No nos vamos a extender sobre las otras sustancias valiosas que contienen la miel y el propóleo, ya que son tan ricas y complejas que poseen facultades medicinales para combatir enfermedades pero su explicación desbordaría este libro.

Queremos enunciar las sustancias y materias que se dan en la miel y también en la resina y son consideradas como inhibitorias de patógenos. Gracias a estas sustancias, la miel deja de ser un alimento para acercarse a ser un medicamento. Esto no significa que vemos la miel solo como un medicamento, sino que se la puede utilizar para ello de forma muy concreta. Para que la miel sea un medicamento, no solo tiene que ser una miel madura sino que sus sustancias tienen que haber madurado realmente. Madurado significa que la miel estuvo operculada. Solo en este caso se la puede considerar un medicamento. Esto lo podemos razonar de la manera siguiente. Rudolf Steiner explicó que el ser humano empezó a criar abejas para obtener miel a partir de la sustancia de flor, el néctar, mediante una transformación y enriquecimiento por el efecto de fuerzas. Todo esto era muy importante para el desarrollo del ser humano. Desde el punto de vista de la materia, el efecto de estas fuerzas convierte a la miel en una sustancia de un valor extraordinario.

Rudolf Steiner ha indicado siempre la relación entre los cuarzos y las celdas de las abejas. Explica claramente que los cuarzos con dos puntas poseen fuerzas mayores que los que solo tienen una punta. Si hacemos un paralelismo entre los cuarzos y las celdas de las abejas, queda claro que las celdas operculadas, que son como un cuarzo con dos puntas, disponen de fuerzas mayores que las celdas que no han sido operculadas, que solo tienen una punta. Por eso nos parece importante sacar miel de celdas operculadas, ya que de estas celdas salen fuerzas que son de gran valor para el ser humano, en comparación con las que tiene la miel de celdas no operculadas.

En resumen, podemos decir que no debemos cosechar miel de celdas no operculadas. Para que madure, la miel tiene que haber estado en una celda operculada.

La abeja ofrece al ser humano miel de primera calidad. Para tener una miel con una calidad de sabor, necesita un buen cuidado por parte del apicultor. Si queremos conservar la calidad de la miel, lo que es posible para muchos años, entonces el apicultor, pero también el consumidor de miel, tienen que tener en cuenta una serie de reglas.

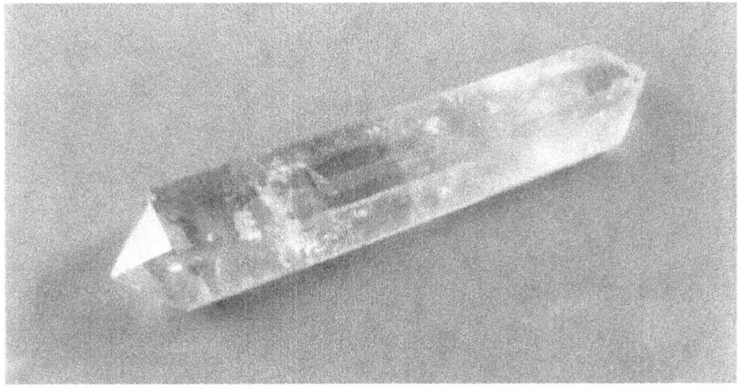

Cristal de cuarzo con dos puntas

Miel madura

Miel madura

cámara de miel llena

Cajón de transporte de panales

Al apicultor le gustaría ofrecer miel de idéntica calidad a la que él ha cosechado de las abejas. En los procesos de trabajo, que van desde la retirada de los panales de la colmena hasta el momento de rellenar la miel en los tarros, la miel puede sufrir distintas manipulaciones si se pasan por alto algunas reglas. El apicultor desea por lo general producir miel de primera calidad, con lo que va a poner mucho cuidado durante la cosecha.

Espera, para sacar los panales, hasta que la mayoría de las celdas están operculadas. En un día de Calor-Fruto o de Luz-Flor realiza las pruebas de inyección para ver si la miel de las celdas no operculadas está madura. Para ello coloca o cuelga todos los panales en el portacuadros. Barremos todas las abejas de los panales y las metemos en la caja para transportar los panales, o en la cámara de miel vacía, que puede quedar cerrada entre el suelo y la tapadera. Los panales de miel no pueden estar mucho tiempo afuera, ya que esto da pie al pillaje y la miel en las celdas abiertas deja pasar la humedad. La miel madura tiene un 20% de agua. La humedad, especialmente en los días de lluvia es tan alta, que la miel empieza a absorber agua. De esta manera la miel pierde calidad. Por eso los panales de miel, una vez que hemos cepillado las abejas, los tenemos que poner a cubierto en una caja cerrada.

Los cajones para el transporte de panales se llevan rápidamente a la centrifugadora para ser centrifugados. Si la centrifugadora, es decir la habitación donde vamos a centrifugar la miel está lejos de la colmena, aconsejamos calentarla para que la miel fluya más fácilmente a través de los panales.

La centrifugadora, los recipientes de la miel y los coladores tienen que estar en perfectas condiciones de limpieza. Desoperculamos los panales de miel, es decir retiramos la capa de cera que tapa las celdas con un rastrillo, para desopercular. Después se vacían en la centrifugadora. El apicultor tiene que tener mucho cuidado con los panales blancos recientemente construidos, ya que al centrifugar muy rápido se rompen en la máquina. La miel pasa a continuación a través de un tamiz-filtro suficientemente fino como para retener las partículas de cera, antes de pasar a los maduradores.

La miel que hemos obtenido de esta manera, se queda cerrada durante tres o cinco días en cubos para que madure, para que todas las burbujas de aire y las partículas de cera pequeñas suban a la superficie. Ahora se quita la espuma de la miel por la mañana y por la tarde. Cuando ya no salga espuma empezamos a remover la miel. La miel de flores tiene que ser removida, ya que cristaliza muy fácilmente, es decir se acaramela. La miel finamente cristalizada puede desarrollar mejor su aroma que la miel toscamente cristalizada. Si por ejemplo dejamos cristalizar miel de colza o diente de león sin haberla removido, entonces se endurecen como cristales gordos y la miel no tiene tan buen sabor. Si removemos bien la miel, tiene un sabor muy suave y se deshace como mantequilla en la boca.

Para remover la miel podemos utilizar una espiral eléctrica o una vara de tres aristas de madera de tilo o de hojaranzo. Removemos desde la pared exterior del cubo, haciendo espirales hacia el centro del cubo. Removemos la miel por las mañanas y por las tardes durante cinco minutos. Si utilizamos espirales eléctricas es suficiente uno o dos minutos por cada cubo de 50 kg. Si al remover queda algo de espuma en la superficie, la quitamos, para que no se mezcle con la miel. Podemos dejar de remover, cuando siguiendo la estela de la vara aparece un surco que se mantiene cierto tiempo. Ahora podemos envasar la miel en tarros. Si tenemos miel de flor que no deseamos envasar inmediatamente sino en invierno o en la primavera siguiente, tenemos que empezar con la operación de remover apenas después de haber centrifugado la miel. Hemos comprobado que la miel de flor que ha cristalizado toscamente, ya no pueden cristalizar en fino aunque se remueva más tarde.

La miel de la mielada no suele mejorar al ser removida. Al ser una miel muy líquida, los consumidores de miel no suelen tener nunca mielada cristalizada.

Si pensamos que mediante la operación de remover, no solamente se cristaliza la miel más fina sino que ganamos también sabor entendemos que el apicultor, al remover, tiene una herramienta en la mano con la que puede perfeccionar la miel. Si es posible, debemos remover la miel en días de Luz-Flor o Calor-Fruto para transmitir una influencia positiva.

Algunas mieles, cuando cristalizan dejan formas similares a los vegetales. Estas formas, que parecen espuma, son el resultado de un proceso de transformación en azúcar: caramelización. Entonces se habla de la formación de flores en la miel. No significa que pierda calidad sino que su formación depende las plantas visitadas por las abejas. Si por ejemplo hemos cosechado miel puramente de epilobio (epilobium angustifolium), puede crear formas tan marcadas que podríamos pensar que solo tenemos espuma de miel en el tarro. Si calentamos esta miel, es decir la volvemos líquida, ya no quedará nada de estas "figuras de azúcar", hacemos desaparecer estas flores de azúcar.

Pasados unos días controlamos de nuevo la miel, pinchamos las burbujas de aire que hayan subido y cerramos el tarro o el cubo. Almacenamos los recipientes cerrados en una habitación oscura, fresca y seca. Es importante que los tarros de miel no estén expuestos al sol mucho tiempo, ya que los rayos de sol transforman la miel y hacen perder su calidad. Las habitaciones en las que se trabaje y cuide la miel no deben ser luminosas, con grandes ventanales, sino que deben tener ventanas pequeñas para evitar que los rayos de sol perjudiquen la miel.

En el capítulo de la construcción de panales hemos mencionado el carácter solar de la colonia. Podemos preguntarnos entonces, por qué la miel reacciona tan sensiblemente a los rayos solares. Si observamos el almacén de miel de la colmena, este carácter solar ya está incluido en la forma redonda global del cuerpo de la colonia. La colmena como tal desea vivir en un ambiente oscuro y no luminoso. Podemos constatar esto si vemos que siempre buscan espacios oscuros para poder desarrollarse. Solamente las abejas pecoreadoras están expuestas a los rayos solares, que debido a su actividad han salido de la oscuridad de la colmena. La miel, que es el alimento de las abejas, absorbe el aspecto solar de la forma de la colonia y es muy sensible a los rayos solares que producen cambios químicos en ella. Así podemos comprender que la forma solar dispone de otras cualidades que la reacción provocada por la iluminación directa.

Hemos dicho que existen dos tipos de néctar y miel en la naturaleza. Es el grupo de la miel de flor y la mielada. En muchas regiones del planeta donde se produce miel, se discute sobre qué miel es más valiosa. En general se suele decir que la mielada es mejor. Esto se debe a que se mantiene más tiempo líquida y es más suave. Esta preferencia va tan lejos (cuanto más oscura mejor calidad) que se suele pagar más por ella que por la miel clara. Si tenemos en cuenta cómo se produce la miel y su función y no olvidamos cómo se forma la miel de flor y la mielada, deberíamos pensar que la miel de flor es más valiosa.

Rudolf Steiner relata que la abeja surgió en la época atlante. Dijo que para el desarrollo del ser humano se necesitaron sustancias de flor con determinadas fuerzas. Para obtener estas sustancias se creó la abeja a partir de la avispa de la higuera, que es un animal puramente de flor y tiene necesidad de la flora para asegurar su existencia. A partir de la flor, la abeja recoge sus dos sustancias básicas de alimento: el polen y el néctar. El néctar lo transforma en miel. La miel de flor es entonces una sustancia muy valiosa para el ser humano. Proviene de la flor y posee fuerzas que actúan sobre él a través de las celdas hexagonales de la abeja.

Con todo lo expuesto, podemos comprender que la abeja no solo elabora miel para el ser humano sino que el organismo abeja depende, como el ser humano, de estas sustancias de flor. Las abejas no pueden vivir sin las flores. Las necesidades de miel de las abejas pueden ser sustituidas por mielada, debido al paisaje, a pesar de que ésta no es apropiada para pasar el invierno. El polen de las flores no puede ser sustituido por nada, ya que el polen que algunos años proviene de las pinochas, no solo en cantidad sino también en cantidad, no es suficiente para las abejas. La abeja necesita plantas de flor, tanto para la construcción como para el mantenimiento de su propio organismo. Por otro lado, solo puede cumplir su papel hacia el ser humano con ayuda de la miel de flor.

Rudolf Steiner nos deja claro que la miel de flor es muy importante para el ser humano. ¿Qué pasa entonces con la mielada? ¿Es comparable a la miel de flor o es simplemente una sustancia parecida a la miel? Desde el punto de vista químico es igual a la miel de flor. Tampoco tenemos que pasar por alto las diferentes sustancias existentes entre las diferentes mieles. Pero ¿podemos pasar por alto las diferencias de elaboración entre la mielada y la miel de flor? ¿Es realmente indiferente, si el néctar proviene del órgano de la planta que está previsto para ello o si proviene de un pulgón? Rudolf Steiner dice incluso que para una flor es algo especial si es escogida por una abeja. Describe que la abeja segrega toxinas en la planta, antes de absorber el néctar, que son indispensables para la vida de las plantas. Desde el punto de vista social encontramos este hecho muy interesante. La abeja toma alimento vital de la planta después de haber ofrecido a la planta sustancias tóxicas vitales para ella. Entre la abeja y la planta hay un armonioso equilibrio que es apoyado por las constelaciones cósmicas, que permiten una oferta de néctar más o menos amplia de los órganos nectarios de la planta.

La mielada solo es posible con ayuda del pulgón. Es decir que no proviene de órganos concebidos para ello. ¿Puede ser considerada entonces miel? Podemos decir que sí, ya que el proceso de la mielada es el mismo que en el caso del néctar de flor. La afirmación de que la miel de mielada es mejor que la miel de flor no puede confirmarse.

Un paralelismo entre los nectarios de flor y los de afuera de flor lo encontramos en el agua. La Tierra tiene órganos que, dependiendo de fuerzas cósmicas, permiten salir agua en mayor o menor medida. Son las fuentes de agua. Podemos compararlas con los órganos nectarios de una planta. Las corrientes de agua del subsuelo pueden compararse con el sistema de nervios de una planta, pueden darnos agua mediante bombas y canales sacándola a la superficie. Este proceso lo podemos comparar con la extracción de sustancias de los nervios de una planta como realiza el pulgón. El agua que brota de una fuente y el agua que bombeamos del subsuelo químicamente son iguales pero ¿son de igual calidad para el ser humano? La respuesta a esta pregunta ha de hacerla cada uno para sí mismo. Pero no podemos olvidar cuando formamos una opinión, que las leyes de la naturaleza son superiores al ser humano aunque éste no siempre quiera reconocerlo. Podemos tener la impresión de que la mielada tiene menor calidad. No debemos tener una opinión tan radical, ya que la Creación ha permitido a las abejas tener acceso a esta sustancia dulce. Consideramos a una miel de baja calidad si contiene mucha agua o ha sido recalentada. Renunciamos a la calificación de las diferentes mieles según sus sustancias y tipos, ya que las diferentes mieles tienen efectos diversos desde el punto de vista dietético, que pueden utilizarse. Así la miel de tilo tiene otro efecto que la miel de diente de león o la miel de mielada.

Efecto dietético de las diferentes mieles

- El diente de león y el girasol estimulan la actividad del hígado
- La colza estimula el flujo de la bilis
- El tilo refuerza el sistema renal
- La verónica ayuda en caso de bronquitis y asma
- Tomillo y lavanda refuerzan el sistema respiratorio
- La frambuesa y el aciano menor o centaura refuerzan el sistema renal
- El sauce refuerza los intestinos
- El espino y el endrino refuerzan el corazón

-   Las flores de frutales refuerzan la circulación

-   La mielada actúa sobre los pulmones

Para fortalecer y mantener sano el organismo, no podemos renunciar a la sustancia floral que es la miel.

EL ALIMENTO DE INVIERNO

La abeja recolecta néctar en verano y lo transforma en miel, no solo para ofrecérselo al ser humano sino también para tener suficientes provisiones para pasar el invierno. La abeja necesita alimento para el invierno, ya que al contrario de lo que muchos piensan, no duerme durante el invierno sino que mantiene una cierta actividad. Podemos comprobar esto acústicamente si escuchamos el zumbar continuo y profundo de la colmena en invierno. La cantidad de alimento que necesita una colmena, no solo depende del tamaño de la colmena sino también del clima. Si el clima se mantiene constante el consumo de alimento es menor que si, por el contrario, hay continuos cambios de temperatura por los cuales la colmena no tiene tranquilidad. En centroeuropa se puede decir que una colmena necesita por cada panal de abejas un kilo o kilo y medio de alimento de invierno. Es decir, una colmena que tiene 10 panales necesita de 10 a 15 kilos de alimento.

El ser humano, ya que quita la miel a una colonia de estío, tiene que darle un sucedáneo para el invierno. Este alimento sustitutivo se hace a base de azúcar desde 1900. Este alimento es realmente solo un sustitutivo, por lo que siempre hay discusiones al respecto. Entre los apicultores este alimento está ya muy generalizado, pero el que consume miel se queda escéptico, ya que supone que parte de este alimento de invierno puede entrar en la producción de miel. El escepticismo de algunas personas va tan lejos que no quieren comer miel cristalizada procedente de flor, ya que suponen que esta miel cristalizada es originalmente de azúcar. La miel de flor cristaliza después de pocas semanas, la gente no co-

noce la miel de flor autóctona y no puede opinar sobre
la diferencia de sabor entre miel de flor y miel de mielada. El resultado de esta suposición exagerada y falsa
es que se prefiere la miel líquida y oscura procedente
de la mielada.

Algunas personas piden a los apicultores que renun-
cien al alimento de invierno y dejen pasar el invierno con
miel o al menos con azúcar de caña. Esto no es posible
con la abeja de hoy día y la oferta de flores melíferas. El
alimento a base de azúcar de caña es un buen pensa-
miento pero no es realizable, ya que el azúcar de caña
tiene demasiada melaza que la abeja no puede filtrar. La
melaza llenaría demasiado pronto la bolsa de deposiciones de la abeja, teniendo que liberarse en medio del invierno. Esto sucedería dentro de la colmena. El sentido
de limpieza de la abeja la obligaría a chuparla de los panales. Al chupar estas deposiciones tomaría patógenos
que podrían provocar una diarrea, la disentería. Esto demuestra que el azúcar de caña no es apropiado como alimento de invierno.

El hecho de que en el pasado la abeja pasaba el invierno con miel, se debe a factores que en la apicultura
de hoy día son difíciles de encontrar. Para conocer estos
factores vamos a ver cómo pasa un año en una colmena
rústica, como por ejemplo en 1900 se veía en muchas
granjas.

La abeja que existía era la abeja del Norte, la autóctona. Desarrollaba pequeñas colmenas, con poca cría.
Los cestos de paja eran por tanto bastante más pequeños
que las actuales colmenas. Cuando empezaba la primavera comenzaba la cría. Alrededor de la cría se colocaba
un cinturón de polen. El resto del espacio, la colmena lo
llenaba con miel de flor de primavera. El cesto tenía en
la parte superior un orificio en el que había un canillero

de madera. Este canillero de madera lo sacaba de vez en cuando el apicultor, para ver si la colonia necesitaba más espacio. Si las abejas empezaban a construir un pequeño panal a partir del canillero, entonces sabía que el cesto ya era pequeño. Entonces retiraba el canillero, y colocaba en su lugar un pequeño cesto, que servia de cámara de miel.

La colonia construía en este pequeño cesto (que en algunas regiones se llamaba caperuza) y lo llenaba de miel. En la cámara de cría tenemos la cría, la corona de polen y la corona de miel. En esta caperuza solo hay miel. Esta miel era la cosecha de todo el año. En un buen año, el apicultor podía tener llena la caperuza varias veces y la recogía. Si había miel de mielada ésta estaría con toda seguridad en la caperuza, ya que en el cesto de abajo no había sitio. Venía el tiempo en el que no se esperaba más miel, se quitaba la caperuza y se cerraba el orificio con el canillero de madera.

La miel de flor de primavera se dejaba por entero a la colmena. Esto era el alimento de invierno. Al año siguiente, el Jueves Santo se recortaba un cuarto de los panales del cesto de abajo, con lo que cada cuatro años se renovaban por completo todos los panales. Después se volvía de nuevo al control con el canillero de madera.

En este contexto tenemos que decir que no todas las plantas melíferas son igual de buenas para el invierno. Así, no es nada apropiada la miel de matorrales. Parece que para el invierno la miel que corresponde es la misma de primavera, como la miel de sauce, diente de león, frutales, etc. Sabemos también que la miel de colza no es buena para el invierno. Podemos suponer que la miel de invierno ha de ser variada, ya que entonces tiene más valor para la abeja y no es simple.

En la apicultura de hoy día no tenemos cestos sino cajones cuadrados. En estos cajones tenemos panales móviles, que son tan grandes que en ellos hay suficiente espacio para la cría y el cinturón de polen. La miel, la tenemos en los panales encima de la cámara de cría para poder cosecharla mejor. Las abejas de hoy en día son de razas que son bastante más grandes y pueden desarrollar crías que pueden estar en las antiguas colmenas rústicas. Morirían en la enjambrazón. La oferta de flores melíferas es menor. En algunas regiones no hay una buena recolección de flores y la recolección principal es la mielada. La abeja no puede pasar el invierno con la mielada; es lo mismo que con el azúcar de caña. Esta comparación con los antiguos cestos nos demuestra que las abejas apenas pueden pasar el invierno con miel y solo es posible allí donde hay una fuerte oferta de plantas melíferas para hacer miel, que podamos ofrecer a las abejas.

Ya que la abeja es capaz de hacer una sustancia parecida a la miel a partir de azúcar, como alimento de invierno se ha extendido el azúcar. Es la tarea del apicultor el dar azúcar de tal manera que sea el momento correcto y no le cueste demasiada fuerza a la colonia. Existe también la posibilidad de añadir tisanas al azúcar para completar con fuerzas de flores, que estimulan la salud de la abeja.

El alimento de invierno hay que empezar a darlo después de la última cosecha de miel, en un día de Luz-Flor o Calor-Fruto. En estos momentos la colonia está todavía fuerte y tiene muchas abejas que no van a pasar el invierno porque son viejas. La transformación de azúcar en alimento de invierno roba energía a las abejas y debemos aprovechar este momento, ya que las abejas viejas pueden todavía trabajar. Tenemos que pensar también que el alimento de invierno que demos a tiempo, puede

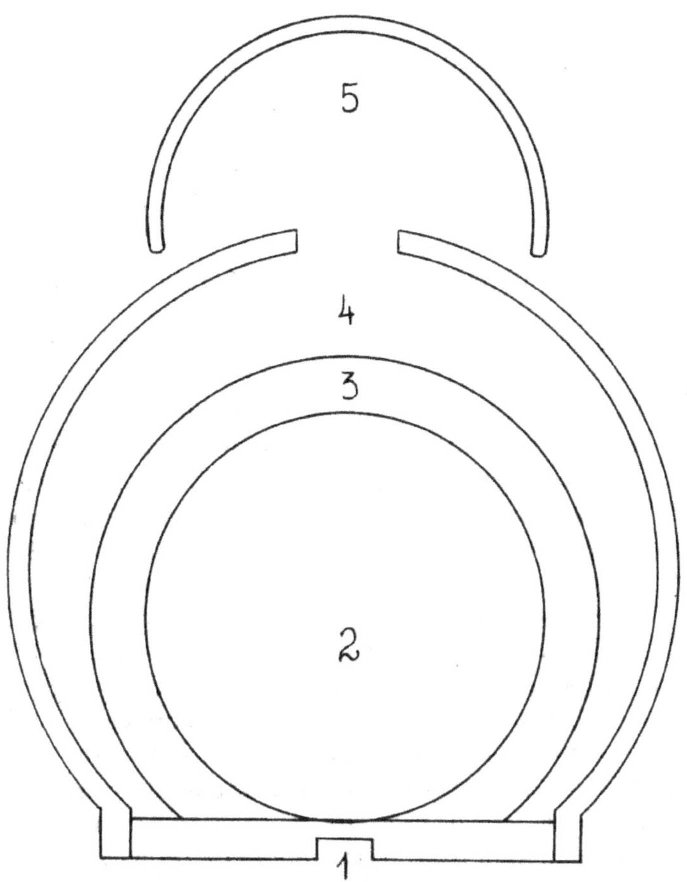

1 - Piquera
2 - Cámara de cría
3 - Corona de polen
4 - Corona de alimento de miel de flores de primavera,
    que era el alimento de invierno
5 - Caperuza con miel de la recolección de verano, que
    era la cosecha de cada año

transformarse mejor en alimento que el alimento que se ofrece cuando las abejas ya no pueden volar. Además puede estimular la cría, lo que es positivo.

Retiramos las cámaras de miel y ponemos las abejas en los panales donde tienen que invernar. Controlamos la cría y calculamos cuánta provisión de miel hay. Tenemos que dejar a la colmena al menos cinco libras de miel; como referencia podemos decir que la medida de lo que ocupa una palma de mano, si la pasamos al panal a ambas caras con celdas operculadas, eso es una libra. Las provisiones que faltan se darán a la colonia en forma de alimento líquido. Con el alimento empezamos el día que quitamos la miel. Las colonias se lo agradecerán al apicultor, ya que la retirada de los panales de miel es una fuerte pérdida que solo puede ser subsanada si inmediatamente ponemos alimento.

El alimento de invierno se hace en la relación 2 a 1, es decir 2 kilos de azúcar por uno de agua. De esta disolución resulta por cada libro de agua, 750 gramos de alimento. A 100 litros de esta disolución de azúcar se añaden de dos a tres litros de tisana. Rudolf Steiner aconseja añadir tisana de manzanilla al alimento de invierno. Explica que el azúcar carece de las fuerzas que tienen las plantas que necesitan las abejas y que precisamente la manzanilla, porque no sirve para hacer miel, tiene fuerzas muy concentradas que pueden transmitirse por este alimento de azúcar. Aconsejamos además añadir una brizna de sal para que sea más digestivo para las abejas.

Ya que las abejas de hoy día no están preparadas para las diferentes enfermedades y ya que la tisana de manzanilla no es preventiva para ellas, hemos decidido hacer una tisana de plantas con las que hacemos normalmente los preparados biodinámicos. Hemos tenido muy buena experiencia con estos preparados. Esta tisana sirve para fortalecer cada abeja, para que no caiga tan fácilmente enferma. Durante estos 35 años de práctica de apicultura, nunca hemos necesitado medicamentos para curar a las abejas. Para elaborar la tisana se necesitan los siguientes ingredientes: milenrama, manzanilla, diente de león y valeriana. Cogemos las flores de estas plantas, hacemos una infusión con agua hirviendo, se la deja reposar 15 minutos y se cuela. Además se necesitan ortigas, corteza de roble y cola de caballo en agua fría, lo dejamos hervir y después de 10 minutos se cuela. Esta tisana se junta con la tisana anterior. De cada planta, medio litro, lo que resulta en total 3,5 litros para 100 litros de agua con azúcar, como alimento de invierno. Por cada 100 litros de alimento de invierno tomamos 10 gramos de cada planta. Estas tisanas de diferentes plantas se elaboran por separado. Las partes de las plantas que se necesitan para elaborar esta tisana se pueden ir recogiendo durante el año.

- *Milenrama (achillea millefolium)* se recolecta en días de Calor-Fruto, cuando el sol está en la región de Leo.

- *Manzanilla (chamomilla officinalis)* se recoge en días de Luz-Flor, poco antes de San Juan.

- *Diente de león (taraxacum)* se recoge en días de Luz-Flor, pronto por la mañana. La flor tiene que estar cerrada en el centro, para que no espolvoree, porque si no comienza el proceso de secado.

- *Valeriana (valeriana officinalis)* se recoge en días de Luz-Flor, durante San Juan.

- *Ortiga (urtica dioica)* se recolecta en días de Luz-Flor. Ya tiene que haber algo de flor. Se toma toda la parte superior de la planta.

- Corteza de roble (quercus robur) se recoge en un día de Tierra-Raíz. Se toman trozos de corteza de roble (no el líber que tiene demasiado tanino) y se raya.

- Cola de caballo (equisetum arvense) se recolecta en días de Luz-Flor. Se toma la parte aérea de la planta.

Las plantas recolectadas se extienden sobre un papel y se dejan secar en un lugar de sombra y aireado.

ENFERMEDADES DE LAS ABEJAS

Si conocemos las sustancias alimenticias de las abejas es casi incomprensible cómo pueden caer enfermas. Precisamente la miel y el polen son muy sanos para el ser humano y actúan como inhibidores de enfermedades. ¿Cómo puede ser que la abeja sufra siempre enfermedades que algunas veces son mortales para toda una colmena? Podríamos dar una respuesta simple: las abejas están tan debilitadas en su organismo que cada enfermedad encuentra un terreno favorable para desarrollarse. Otro factor está en la naturaleza misma, ya que por sustancias alimenticias problemáticas pueden contraer por ejemplo la enfermedad de mayo o la disentería, que causa muchos problemas a las abejas.

Si intentamos buscar la causa por la cual la abeja está debilitada y tan fácilmente cae enferma, no tenemos que buscar mucho y pronto llegamos a su causante: el ser humano. Si se cuidase bien a las abejas, como corresponde a su organismo, no tendríamos hoy día la preocupación de cómo vamos a mantener sanas a las abejas para nuestros hijos. Es casi imposible nombrar todas las causas que han hecho que la abeja sea tan sensible. Citamos algunas.

- En el apartado sobre la construcción de panales, hemos hablado sobre la forma redonda solar del cuerpo de la colonia. Con la apicultura moderna, con los cajones cuadrados se ignora esta forma y sus efectos.

- La cría artificial de reinas, ha desestabilizado los efectos de fuerzas que surgen de la forma de las celdillas reales.

- Al introducir una reina fecundada extraña en una colmena, el proceso de crecimiento de una nueva reina madre se corta.

- Al utilizar la hoja de cera estampada ofrecemos a las abejas sustancias de baja calidad.

- Al darles alimento de invierno: azúcar, le damos solo un sucedáneo de miel que no tiene las fuerzas de las flores, vitales para las abejas.

- Al utilizar planchas de madera de aglomerado o planchas de plástico para las colmenas, creamos un habitáculo artificial hermético al exterior, que separa las abejas de las fuerzas periféricas del Cosmos.

- Al criar abejas no autóctonas las privamos del polen y néctar necesarios.

- Al practicar la trashumancia llegan las abejas a nuevos paisajes y recolecciones y su organismo tiene permanentemente que adaptarse.

- Al cambiar de lugar los panales de cría o al manipular la piquera para dirigir el instinto de enjambrazón, desestabilizamos el conjunto del organismo.

Estos puntos no se tienen hoy en cuenta por los científicos, pero nos tienen que hacer pensar si queremos conocer los orígenes de las enfermedades de nuestras abejas. Las puras influencias exteriores, como el hecho de que hay menos flores, es algo que no podemos negar. Ya que estos factores no siempre dependen del apicultor, no vamos a extendernos en ellos.

Dividimos las enfermedades de las abejas en tres grupos.

1. Enfermedades de la cría, carrocha

2. Enfermedades de las abejas adultas

3. Enfermedades que perjudican a la cría y a las abejas
   adultas

1. Sobre las enfermedades de la cría.

a) cría podrida maligna, también cría podrida americana
b) cría podrida benigna, también cría podrida europea
c) cría calcárea, calcificada
d) cría de piedra, petrificada

2. Sobre las enfermedades de las abejas adultas.

a) Disentería
b) Enfermedad de mayo
c) Ácaro de las tráqueas
d) Nosema

3. Sobre enfermedades que afectan a la cría y a las
   abejas adultas.

a) Varroa

Esta lista de enfermedades solo recoge las más importantes y comunes. De las enfermedades nombradas vamos a describir más detalladamente aquellas con las que puede enfrentarse el apicultor y así reconocerlas.

* * *

1a) cría podrida maligna (loque americana).

Esta cría podrida también se llama loque americana, cría podrida sin olor o peste de cría. Aparece causada por el patógeno bacillus larvae. Esta bacteria llega al intestino de la larva a través del alimento en forma de espora. Tan pronto como la cresa llega a ser un gusano el bacilo activo se desarrolla a partir de la espora. Por el ambiente propicio de la larva, la espora se desarrolla rápidamente en uno o dos días, de tal manera que la larva y su piel se destrozan. El gusano destrozado se vuelve color marrón café y se queda pegado a la pared de la celdilla.

Una colonia con cría podrida maligna se reconoce porque no salen las crías de las celdas. Las tapaderas de las celdas están ligeramente hundidas y generalmente agujereadas en su centro. En parte, la abeja intenta destruir el opérculo para tirar la larva descompuesta. No lo consigue, ya que la larva está tan pegada que parece goma. Esta costra de larva puede verla también el apicultor si mira bien, si tiene sospecha de esta enfermedad, pero no hay opérculos hundidos ni agujeros en las celdas. Para saber si se trata de cría podrida maligna toma una cerilla, pincha la costra y la saca. Si se forma un hilo viscoso que parece goma, entonces puede estar seguro que la colonia tiene cría podrida.

La pregunta es cómo ha llegado la enfermedad a la colonia. Hay muchas posibilidades para una infección. Las abejas pueden haber chupado en recipientes de miel de algún basurero vecino en los que había miel infectada de ultramar. El apicultor puede haber recogido un enjambre infectado y haberlo puesto en una sola colmena. También puede ser que un enjambre extraño infectado haya entrado en el colmenar.

La propagación en el colmenar puede producirse por el vuelo de las abejas o inconscientemente por los trabajos de control del apicultor. La abeja tiene, por ejemplo, algunas bacterias en su pelo que al volar se pueden introducir en una colmena vecina. Las abejas limpiadoras se infectan de esta bacteria. Después dan de comer a la cría y así llega la bacteria por medio del alimento al gusano. Esta colmena ha sido infectada por las abejas pecoreadoras. El apicultor que controla una colonia infectada y después controla otra colmena no infectada, puede ser portador de la bacteria por sus manos o por las herramientas y así de esta manera puede infectar todo el colmenar.

Ernst Perkiewicz explicó, siempre de forma muy clara en sus conferencias, todo este camino de infección. Explicaba que las manos así infectadas deberían imaginarse como manos con un color rojo. Todo lo que tocasen esas manos rojas: una herramienta, el mono de trabajo o la colmena de una colonia vecina, siempre dejarían restos de este color rojo. Si tenemos presente este ejemplo de expansión de la enfermedad, comprendemos lo necesario que es, cuando se ha determinado la cría podrida, que pensemos muy bien cada movimiento para no contaminar todo el colmenar y la cámara de miel. Si hemos curado a la colonia pero todavía quedan esporas en la cámara de miel, la curación no durará mucho tiempo.

El bacillus larvae es una bacteria muy resistente. Para matarla hay que hervirla a más de 1200° durante más de media hora. Se dice que puede sobrevivir durante más de 40 años en los cajones vacíos. Esto muestra con el cuidado que tenemos que ir, cuando compramos o queremos utilizar cajones viejos o cuando queremos curar a una colmena infectada.

En cada país hay un reglamento diferente y no podemos dar un método de curación general. Cuando la ley lo permite, el método más humano y agradable para la abeja es la enjambrazón artificial.

Métodos de tratamiento

Las operaciones que describimos se realizan en días de Luz-Flor o Calor-Fruto. De sobremesa, cuando las abejas no vuelan, ponemos toda la colonia en el porta-cuadros.

Las abejas se llenan de alimento y como se describe en la enjambrazón artificial, se meten en el cajón de enjambrazón con el embudo de latón. En el cajón vacío dejamos dos o tres cuadros de cría, en los que se pueden posar las abejas que están fuera de la colmena en el momento de la manipulación. Luego cerramos de nuevo el cajón.

Colocamos el cajón de enjambrazón en una habitación fresca, seca y oscura. Aquí lo dejamos 48 horas. Dejamos pasar hambre a las abejas. Durante esas 48 horas se las deja totalmente tranquilas; no deben ser molestadas por una luz que se encienda con demasiada frecuencia, pues esto ocasionaría un consumo apresurado del alimento en reserva y las abejas entonces pasarían hambre. Algunos aconsejan dejar un litro de alimento. Esto no es necesario, ya que las abejas antes de ser barridas han llenado sus cestillos y durante 48 horas no se las molesta. Las abejas se comen las provisiones y se chupan unas a otras. Al chuparse salen restos de alimento que quedan en sus pelos y las esporas van a parar a los intestinos de la abeja, donde allí mueren. En estas 48 horas, al pasar hambre, se cura la abeja gracias a su instinto de limpieza, que muestra al chuparse unas a otras. En el cajón, de donde procede el enjambre artificial, cerramos la piquera por la noche con las abejas que hubiera adentro y se las azufra, es decir se las mata. No puede salir ni una sola abeja; esto es muy importante, hay que evitar que ellas puedan volar de nuevo por eso tiene que hacerse poco antes de oscurecer.

Partimos de la suposición de que todos los panales están infectados. Por eso tenemos que quemarlos a un metro bajo tierra y después tapar este agujero para que nunca las abejas puedan acercarse a los restos. Ya que nunca sabemos cuándo apareció la cría podrida en el colmenar, aconsejamos que los panales que están todavía guardados en el armario sean cortados, se declaren panales infectados y se envíen a una cerería.

Rascamos y limpiamos bien el cajón. Para estar seguros de que las esporas de la cría podrida están muertas, pasamos el soplete sistemáticamente por todo el cajón. No debemos olvidar la piquera, el ángulo de salida y el frente de la colmena. Movemos lentamente la llama por toda la caja hasta que tome el color de quemado. Las herramientas y todo lo que hemos tocado tenemos que pasarlo por la llama o desinfectarlos con productos especiales muy fuertes.

El cajón recibe nuevos cuadros con hojas de cera estampada.

Cuando ya han pasado 48 horas desde la formación del enjambre artificial, podemos encolmenarlo en el nuevo cajón. Es el cajón en el que vivía el enjambre antes del tratamiento, ya que si no podría producirse una fuerte escapada de abejas. El enjambre artificial, es decir la colonia que ha sido cepillada, no olvida su antiguo habitáculo al igual que un enjambre natural. El cajón del enjambre no ha de volcarse en el cajón, para que no entre la basura que hay en el suelo del cajón del enjambre dentro de la colmena. Hay que desinfectar también el cajón de enjambre. Después de todos estos trabajos recomendamos lavarse bien las manos para impedir que se vuelva a extender la enfermedad. Esta colonia se trata como si fuera un enjambre.

Si hay varias colmenas afectadas, hay que hacer todo este proceso con todas. Ya que no es posible hacer todo esto en un día, se puede hacer un día tras otro. Esto significa que durante una jornada al menos no debe haber abejas en el colmenar, ya que cada abeja que vuela puede extender la enfermedad. Para todas estas opera-

ciones hay que mostrar cierta dureza y toda abeja que
está fuera del cajón de enjambre tiene que ser matada
para evitar todo riesgo. Si tenemos muchas colonias en
el colmenar, no tendremos suficiente tiempo si empezamos por la tarde. En este caso tenemos que empezar
pronto por la mañana.

1b) cría podrida benigna o loque benigna.

Esta cría podrida benigna se llama también europea,
maloliente, carrocha ácida o cría de col. Aparece provocada por diferentes bacterias, se extiende de igual manera que la cría podrida maligna pero en el contagio es
menos peligrosa.

La costra del gusano no forma esos hilos viscosos
pero huele a ácido. Si una colonia está solo ligeramente
afectada, ella misma se puede curar. Pero si la colmena
está fuertemente afectada entonces hay que utilizar medicamentos que son recetados por el veterinario. También utilizamos el método del enjambre artificial y todo
el proceso de curación y desinfección es el mismo que
en el de la cría podrida maligna. La cría podrida benigna
aparece raras veces.

1c) Cría calcárea o carrocha calcificada.

La cría calcárea es una enfermedad de hongos que es
provocada por el hongo ascosphaera apis. Las esporas
llegan a la larva a través de la comida. En los gusanos,
en la fase de ninfa, las esporas se transforman en hongos
filamentosos que atraviesan el cuerpo de la larva y lo
secan. Quedan solo unos gusanos o ninfas color gris-
blanco en las celdas, que la abeja intenta sacar.

Se expande en la colmena por una sola abeja o por una corriente de aire cuando sacamos los panales para hacer los controles. En la colmena siempre hay esporas sueltas. La expansión se produce cuando el equilibrio calor-humedad en la colmena se rompe. La cría calcárea aparece también cuando se desestabiliza la armonía en la colonia, como cuando describimos en el apartado sobre impedimento de enjambrazón.

Cuando la colmena está solo un poco afectada, ella misma puede curarse tirando los gusanos o ninfas muertos fuera de la colmena. Si en una primavera húmeda la invasión es mayor, entonces sacamos los panales de cría afectados y los sustituimos por panales vacíos y claros. En el peor de los casos hay que cambiar todos los panales.

1d) Cría de piedra o carrocha petrificada.

La cría de piedra es una enfermedad producida por un hongo: el aspergillus flavus. Se produce muy raramente, pero en colmenas muy débiles puede afectar a las abejas adultas. La expansión y el proceso es como en el caso de la cría calcárea. Si la cría de piedra se expande, recomendamos matar las colmenas más afectadas. Reconocemos la cría de piedra por las ninfas muertas, endurecidas, que tienen un color amarillo verdoso. Las esporas son peligrosas para el ser humano, ya que por la mucosa pueden producir infecciones desagradables. Cuidado cuando hacemos controles con los panales, ¡pues las esporas no deben entrar en los ojos!

* * *

2a) Disentería

La disentería es una especie de diarrea que aparece cuando las colonias han invernado con el alimento incorrecto y el clima no permite un vuelo de limpieza. Como alimento de invierno no es conveniente azúcar de caña, ni mielada, ni miel de matorral, ni soluciones de azúcar con demasiada tisana. Todas estas sustancias contienen demasiada melaza que hace que la bolsa de deposiciones de la abeja se llene demasiado pronto. La abeja tiene que librarse en la colmena y deja allí sus deposiciones. Su sentido de la limpieza la obliga a chupar las deposiciones, lo cual la conduce permanentemente a una diarrea llamada disentería. En los vuelos de limpieza reconocemos las colonias con disentería porque ya en el balcón de vuelo hacen deposiciones y en parte ensucian el frente del cajón. Cuando en los primeros controles encontramos colonias debilitadas por la disentería, debemos poner panales nuevos y mantener caliente la colmena.

La disentería puede producirse también por factores externos: los ratones al roer los panales, los pájaros al picotear los cajones, los hombres que perturban la colmena, todos ellos provocan intranquilidad. En estos casos, pueden aparecer problemas digestivos que terminan en disentería.

2b) Enfermedad de mayo.

La enfermedad de mayo aparece en primavera y la reconocemos porque las abejas jóvenes están frente a la colmena con el abdomen hinchado, incapaces de volar y dando vueltas por el suelo. Si apretamos suavemente su abdomen, sale un hilo de deposición. Suponemos que estos problemas digestivos se deben a la falta de agua, por lo que el polen no puede transformarse de forma correcta en los intestinos. Recomendamos en estos casos poner agua en la colmena o una solución de azúcar muy ligera. La falta de agua se produce por un período de mal tiempo que ha sido precedido de una buena recolección de polen.

El ácaro de la tráquea (acarapis woodi) que también se llama ácaro del interior, vive y se multiplica en los tubos respiratorios de la abeja, es decir en las tráqueas por las que respira la abeja. La traquea es un tubo de respiración con el que la abeja respira, cuyas válvulas móviles no se cierran sino que están siempre abiertas. El ácaro solo necesita buscar la corriente de aire continua que surge al expirar y así encuentra este tubo. El ácaro tiene una trompa con la que puede atravesar la tráquea y llegar así al sistema sanguíneo de la abeja. Se alimenta de la sangre de las abejas. En la tráquea pone huevos de los que salen hembras y machos que se aparean en las cavidades de la tráquea. Así pueden vivir en la tráquea varias generaciones. El ácaro perjudica la respiración de la abeja. Además cada vez que pincha el ácaro en la pared de la tráquea, se hace una herida que forma una costra de sangre. Con estas costras se estrecha el paso del aire.

Ya que la tráquea es de quitina no puede curarse, por lo que pueden entrar enfermedades por las heridas y llegar a la sangre. Las abejas que están muy afectadas están débiles y no pueden volar. La expansión de los ácaros sucede cuando unos pasan de una abeja a otra. La expansión a otra colmena sucede por los vuelos de las abejas y los zánganos a través de la enjambrazón o el intercambio de colmenas. El ácaro no se extiende ni por mano del ser humano ni por cajones vacíos, ya que sin sangre de abeja puede vivir solo pocas horas.

Las colmenas que tienen ácaros las reconocemos porque en invierno salen a menudo abejas volando. En pri-

mavera tienen síntomas de disentería. Estas colmenas
tienden a criar durante todo el invierno, por lo que en
primavera salen muy pronto las abejas de invierno. Los
ácaros viven solo en abejas adultas: reinas y zánganos;
la cría y las abejas recién salidas no tienen ácaros. La curación solo es posible mediante medicamentos. Solamente si ha habido una buena recolección en primavera
y otoño, que hace posible que haya muchas abejas jóvenes, podemos mantener al ácaro dentro de unos límites soportables. En regiones donde las recolecciones
fueron escasas, el ácaro puede extenderse tan rápidamente que después de haber aparecido un año, la colmena se hunde.

2d) Nosema.

La nosema es una enfermedad de los intestinos que también se llama epidemia de los intestinos o tisis de primavera. Se produce por organismos microscópicos que
forman esporas: nosema apis. Éste llega a los intestinos
mediante el alimento o el agua. Aquí madura, ataca las
células del intestino y las mata. La abeja no puede digerir
más, se debilita, no es capaz de alimentar a la cría y
muere. Al ser destruidas las células del intestino, cuando
el ataque de nosema es fuerte, pueden aparecer síntomas
de disentería. En primavera vemos muchas abejas que
se arrastran por el suelo, incapaces de volar.

La nosema se expande cuando la primavera es húmeda y fría y las abejas de invierno, por falta de polen,
están obligadas a dar sus propias sustancias proteicas
para alimentar a la cría. Al hacer este tremendo esfuerzo,
las abejas de invierno se debilitan y mueren antes. La nosema se extiende sin problema en las colonias debilitadas. La nosema va perdiendo importancia cuando llega

la época de florecimiento de frutales y las colmenas pasan del invierno al verano. Existe un medicamento preventivo contra la forma activa del patógeno, pero que a la larga no acaba con él. Podemos suponer que en las colmenas donde es crónica, existen las esporas.

Si las esporas encuentran el camino para ser activas, no solo depende del clima de primavera. También la práctica de la apicultura puede impedir o estimular la nosema. La manzanilla dada junto con la comida resulta un preventivo para los intestinos de las abejas. Una curación general solo es posible mediante medicamentos químicos que pueden mantener la nosema en límites aceptables.

La expansión de la nosema puede tener muchas causas que según la colmena son muy diferentes, por lo que solo podremos controlar la enfermedad si en general fortalecemos a la abeja. Los lugares húmedos pueden estimular la nosema, igual que un rejuvenecimiento de reina en otoño. Con este ejemplo de rejuvenecimiento queremos indicar lo sensible que es el organismo de las abejas.

En el centro de ensayo y formación de Marburg (Alemania), se analizaron todos los años en primavera, hasta los años 60, la muerte en invierno de cada colmena causada por nosema. Según estos estudios, las colmenas que en otoño habían recibido una joven reina criada habían desarrollado nosema hasta estados medio graves y graves. Las colmenas que habían cambiado la reina ellos mismos no mostraban nosema en la mayoría de los casos. Esto demuestra lo sensible que reaccionan las colmenas a las reinas que no han nacido en la propia colmena y a reinas cuyo desarrollo pudo ser vivido en la propia colonia. Si observamos cuántos miles de reinas son cambiadas por el apicultor en invierno, no debemos extrañarnos que la nosema se haya convertido en un acompañante continuo de la abeja. Esto demuestra lo sensible que reaccionan las abejas a cualquier intervención y dejan claro que es muy difícil poder dar medidas de curación y prevención.

* * *

La varroa, que entre los apicultores es conocida como el ácaro de la varroa, se produce por el ácaro llamado varroa jacobsonii. El ácaro de la varroa vive de la sangre de la abeja adulta, de la larva y de la ninfa. Ya que no es una enfermedad que ataca solamente la cría o las abejas adultas, es muy difícil combatirla. El ácaro vive en la abeja adulta y pincha a través de la quitina allí donde la abeja tiene partes móviles en la coraza de quitina. Aquí la quitina es especialmente blanda, de tal manera que el ácaro puede atravesarla bien con su trompa para llegar a la sangre de la que vive. La expansión en la colmena se produce mediante la transmisión de abeja a abeja. El ácaro de la varroa se mueve mucho, puede incluso volar y no depende de que las abejas estén juntas para poder pasar a otras abejas, como ocurre en el caso del ácaro de la tráquea. El ácaro busca a la cría cuando quiere poner huevos. En los tiempos en los que este ácaro empezó a ganar terreno en Europa, se pensó que atacaría solo a la cría de zánganos. Entretanto sabemos que también ataca a la cría de las obreras. El ácaro que va a poner huevos va a la celda de cría antes de que sea operculada. Pone los huevos en la larva. De los huevos salen ácaros machos y hembras que rompen la piel de la larva y se alimentan de su sangre. Durante la operculización se aparean los ácaros en la celda y salen con la abeja o el zángano, listos para poner huevos ellos también. Se alimentan de la sangre de abejas adultas, es decir reinas, obreras o zánganos, o bien ocupan celdas de nuevas crías, con lo cual el ciclo de reproducción continúa. La colmena se va debilitando con el ácaro, como en el caso del ácaro de la tráquea; la abeja pierde sangre con los pinchazos en la quitina y a través de los pinchazos entran enfermedades en la sangre. La cría que tiene ácaros no puede desarrollarse tan plenamente. Las abejas que nacen muestran deformaciones, por lo que no son aceptadas por las otras abejas y se las echa. Las abejas deformadas a veces no pueden volar, tienen patas traseras deformes, dobladas y solo tienen alas a medias que no pueden desarrollarse. Si la cría está fuertemente afectada, podemos imaginarnos que el crecimiento de la colmena sufre mucho por ello ya que toda abeja deforme no contribuye al crecimiento de la colmena.

Para combatir la varroa hay varias sustancias, principalmente el ácido fórmico. Estas sustancias son variadas en su aplicación. El ácido fórmico hay que dejarlo evaporar. Otros medios se aplican en estado gaseoso. Hasta hoy el medio más eficaz parece ser el ácido fórmico.

Ya que el ácaro ataca a la abeja adulta y la cría, el éxito en su destrucción es débil. Hasta hoy día todos los medios tienen que aplicarse temprano en primavera o bien tarde en otoño cuando la colmena no tiene cría, ya que el efecto no traspasa los opérculos de las celdas. Todo terminará cuando encuentren un medicamento que cambie la sangre de la abeja de tal manera que el ácaro ya no tenga interés o muera.

Dentro de la agricultura de orientación antroposófica, Rudolf Steiner mostró algunas posibilidades para regular el ataque de estos parásitos. Estos métodos permiten al ser humano, mantener a los parásitos en un número reducido, dejando de ser parásitos y convirtiéndose en ejemplares sueltos que no pueden ocasionar mucho daño. Con estos métodos no se pueden destruir completamente a los parásitos, lo que desde el punto de vista moral, tampoco corresponde al ser humano.

Rudolf Steiner describe cómo bajo determinadas constelaciones cósmicas se puede incinerar este parásito o partes de él en un fuego con leña. Después se recoge la ceniza que resulta y se esparce como pimienta allí donde no debe seguir activo el parásito.

Ya que a veces la cantidad de ceniza no es suficiente, hemos hecho ensayos para dinamizar homeopáticamente la ceniza y pasar el efecto de la ceniza al portador: el agua. Gracias a esta dinamización, obtenemos de poca ceniza una gran cantidad de líquido dinamizado, que puede ser aplicado con pulverizador sobre grandes superficies. Para los ensayos tomamos potencias decimales, de la D1 hasta la D36, para ver qué dilución era la más favorable para impedir la multiplicación del parásito. En todos los ensayos durante muchos años, la dilución D8 ha dado siempre los mejores resultados.

Ya que Rudolf Steiner indica pocas constelaciones para las incineraciones, Maria Thun ha realizado una serie de ensayos para saber qué efectos deseados tenían determinadas constelaciones sobre el crecimiento y regresión de las plantas adventicias. Estos ensayos han sido realizados durante muchos años, de tal manera que Maria Thun es capaz hoy de indicar muchas constelaciones para incineraciones de plantas adventicias y parásitos animales. El efecto de la dilución D8 para impedir el crecimiento es tan claro que podemos recomendar este método al apicultor para regular la varroa.

Ya hemos indicado que con la aplicación de ceniza no se extingue el parásito animal o la planta adventicia totalmente. Esto nos demuestra que podemos controlar durante un largo tiempo, para mantener en sus límites a las plantas adventicias y a los parásitos, pero también tenemos que aprovechar ese tiempo para encontrar las verdaderas causas y combatirlas.

Las actuales medidas para combatir la varroa son como cuando alguien tiene dolor de cabeza o dientes. Va a la farmacia, se compra un medicamento que hace "desaparecer" el dolor y vuelve a tomarlo cuando vuelve el dolor. Otras personas van al médico, describen el dolor, éste intenta encontrar el origen del mismo y para la fase intermedia, hasta que se resuelva la causa, el médico da un medicamento. En el caso de la varroa se suele actuar como en el primer caso. Se cree realmente que solo podemos combatir este parásito con medicamentos.

Si observamos cuándo aparecen parásitos en las plantas o animales, que viven de sus jugos y sangre, constatamos siempre que la causa principal es una mala alimentación, un mal abono o unas irregularidades en las sustancias alimenticias.

Son importantes las notas que da Rudolf Steiner sobre la alimentación de las abejas. Avisa al apicultor que en el futuro tiene que contar con un mayor debilitamiento del sistema sanguíneo. Este debilitamiento se debe a que puede haber años que, por razones climatológicas, la abeja no puede sobrevolar las plantas de flor, para recolectar polen y néctar, que necesitaría precisamente en ese momento, de tal manera que durante un período de tiempo solo pueden alimentarse de mielada. Aconsejamos que, según la época del año se cultiven flores que en el momento oportuno den flores a las abejas. Esto tendría que ser posible en lugares especialmente protegidos, que se prepararían especialmente para las abejas. Rudolf Steiner indica que no tiene mucho sentido cultivar una planta cualquiera que ofrece mucho néctar y polen, ya que ésta solo puede tener una acción irritante. Explicó que aquellas plantas que por razones de clima no pueden crecer, tienen que ser cultivadas. Queremos añadir que no solo tienen que cultivarse plantas que no crecen debido al clima sino también aquellas que han desaparecido por otras razones.

Si la abeja no tiene durante un tiempo el polen necesario, sufre un empobrecimiento de sangre. Cuando observamos bien y reflexionamos, podemos saber el origen de este debilitamiento. Si miramos las abejas, no solo en Europa sino en todo el planeta, constatamos que en muchas regiones ya no existen las razas autóctonas. Se han ido dejando de lado al criar otras razas o se han cruzado por el trabajo de un apicultor o un grupo de apicultores. También la apicultura como ciencia ha contribuido a estos cruces. ¿Cómo sucede esto? Antes de la Segunda Guerra Mundial había en Alemania abejas N (melífica) sobre todo. Después de la guerra se empezó a criar más intensamente la abeja K (cárnica), que rendía mejor y no picaba tanto. La abeja N era la abeja autóctona de antaño. La abeja K se trajo de la región austro-eslovena a través de los Alpes, con lo cual llegó así a un clima extraño. Lo mismo le sucedió a la abeja europea que se llevó a América del Sur y a la africana que también se llevó a América del Sur.

Los apicultores, individualmente o en grupo, que no estaban contentos con la abeja existente, trajeron abejas de otros países y las cruzaron con la abeja autóctona para obtener mejores resultados. Así nació la abeja "Hermano Adán" (Buckfast).

Los institutos de apicultura de todo el mundo participaron también en este proceso al mantener razas de otras regiones, cruzándolas con zánganos autóctonos y criando así bastardos impresionantes. Señalamos por ejemplo los ensayos que se realizaron en la RFA, cuando en 1965 se criaban razas diferentes de múltiples orígenes en casi todos los institutos de apicultura para ser estudiados, por lo que sus zánganos "contagiaron" toda la zona alrededor de estos institutos.

Si pensamos las distancias que pueden recorrer los zánganos y las reinas para llegar a los lugares de encuentro con los zánganos, podemos imaginarnos lo que esto significa para los apicultores y las abejas que viven alrededor de estos institutos.

Si vemos estos ejemplos podemos imaginarnos que, por lo menos en los países civilizados en los que de forma activa se practica la apicultura, es imposible encontrar abejas de raza pura. Por todas partes se prueban y cruzan razas nuevas. Esto significa que, cuando trabajamos con una abeja que no es de la zona, ella no encontrará en el momento querido el polen que le es necesario, cuando en su lugar de origen así sería. La abeja italiana (ligústica) no va a encontrar polen el 15 de mayo en Dinamarca. En esas fechas, al sur de los Alpes esta abeja ya empezaría a recolectar. La abeja europea no puede encontrar el polen que ella necesita, cuando es transportada a América del Sur, en la época que lo encontraría en Europa. En este ejemplo también se añade la inversión de estaciones. Queremos decir, que cuando trabajamos con abejas extrañas a la región en la que hay otra flora diferente a la que ellas conocen, aparece empobrecimiento de sangre por falta de polen, como comenta Rudolf Steiner. Este debilitamiento de la sangre es el mejor caldo para los parásitos como el ácaro de la tráquea y la varroa. Aunque en el futuro encontremos medicamentos para combatir estos parásitos seguirán apareciendo nuevos parásitos, hasta que empecemos a

traer a las regiones sus abejas autóctonas. No dudamos
que es un difícil proceso. Esto solo puede conseguirse
mediante la cría, ya que en muchas regiones las abejas
autóctonas que quedan están cruzadas hace tiempo con
otras razas.

METODOS DE INCINERACIÓN

Como ya hemos explicado, Rudolf Steiner recomendaba incinerar las malas hierbas y los parásitos en determinadas constelaciones, para después espolvorearlas como pimienta sobre las zonas a tratar con el fin de llegar a controlar su proliferación. Este método ha demostrado muy buenos resultados, utilizando la dilución correspondiente al combatir otro tipo de parásitos animales. En la última edición de esta publicación esto nos empujó a recomendar a los apicultores aplicar este método en su lucha contra la varroa. Después de haber experimentado varios años con este método en nuestras colmenas, constatamos que la varroa retrocedía pero las colonias tomaban bastante mal la aplicación líquida de la dilución D8. Después de rociar la dilución D8, siempre picaban. Después de reflexionar nos decidimos a aplicar la ceniza de varroa pura, es decir sin dinamizarla. La espolvoreamos sobre las colonias y el éxito fue muy bueno.

Si desea informarse sobre los métodos de dinamización puede leer nuestra publicación "El Control de las plagas".

Para incinerar se necesitan una cucharadita llena de ácaros y leña totalmente seca. La madera de pino y haya han demostrado ser muy buenas. Los ácaros muertos no deben tener abejas muertas ni partes de abejas como patas o alas, ya que si no las abejas se verían también implicadas en el tratamiento. En cuanto a la madera, es importante que sea una madera que produzca unas buenas brasas. Algunas maderas queman bien pero no dejan brasas compactas. No nos sirve el fuego producido por gas, aceite o electricidad, ya que por nuestra experiencia no producen el mismo efecto. La ceniza que se produce con estos elementos no tiene el mismo efecto que la ceniza producida por la leña de madera. Necesitamos además una estufa en la que pueda realizarse la incineración. Tiene que estar construida de tal manera que tiene que estar cerrada totalmente. Los fuegos abiertos, como las chimeneas o las hogueras, no son apropiados. Lo mejor es una cocina de leña o una estufa de leña. El tamaño del fogón no ha de superar la relación de 25 x 25 cm. También funcionan muy bien las estufas de hierro que se utilizaban durante la guerra y después de ella. La salida de humo tiene que estar concebida de tal manera que pueda ser regulada la expulsión.

La fecha para la incineración es cuando el Sol y la Luna están ante la región de Tauro. Si en este momento se produce un eclipse de Sol, tenemos que realizar la incineración antes del apogeo del eclipse. En varios ensayos hemos constatado que el efecto de impedir la vida es mayor antes de que se produzca el apogeo del eclipse. De esta manera el efecto de la ceniza aumenta.

Cuando se produce la constelación en la que el Sol y La luna están ante Tauro, encendemos el fuego de leña en la estufa. Antes de esto tenemos que haber limpiado perfectamente la estufa por dentro, para que no quede ningún tipo de otra ceniza ni de suciedad. Tiene que haber tanta brasa en la estufa, que la rejilla sobre la que se quema la leña esté cubierta de brasa al rojo vivo. Ahora cerramos la salida de aire, ponemos sobre las brasas a los ácaros metidos en una bolsa de papel y cerramos la puerta de la estufa. Se queman los ácaros. Dejamos que la leña y los ácaros se vuelvan ceniza. La ceniza tiene que ser blanca o gris pero no negra, ya que si no sería carbón y no tiene el mismo efecto. Después de pocas horas la ceniza está fría y la sacamos de la estufa. Recogemos toda

Estufa de hierro con un apoyo sencillo para la salida de humo y una rejilla para que no salten las chispas. Es de fácil manejo, cabe en el maletero de un coche y es perfecta para incinerar varroa y otros parásitos o hierbas adventicias.

la ceniza que proviene de la leña y de los ácaros. Ponemos la ceniza en un mortero de porcelana y trituramos durante una hora. Quien no tenga un mortero puede utilizar un bol de porcelana de pared lisa y para machacar podemos utilizar el utensilio para aplastar.

Cuando trituramos la ceniza, ésta se vuelve más fina y tenemos la impresión de que pierde volumen. Al ser más fina, la ceniza se vuelve "pegajosa" y se pega a las paredes del mortero. Con una espátula de madera rascamos los restos para que puedan seguir siendo triturados. Después de haber triturado durante una hora, podemos empezar con los trabajos de dinamización. Si tenemos la estufa directamente en el colmenar, realizamos allí mismo la incineración. Tenemos que poner una rejilla en la estufa para evitar que salten las chispas y se produzca un incendio. En nuestros ensayos con otros parásitos, hemos comprobado que las incineraciones que se realizan en el lugar a tratar producen una ceniza más "eficaz".

La fecha de aplicación de la ceniza es cuando la Luna o el Sol están ante Tauro o cuando solo la Luna está ante

Tauro. Es más favorable si ambos están ante Tauro. La ceniza se aplica tres veces para tener un resultado óptimo. Hasta ahora podemos aconsejar que lo mejor es incinerar, triturar (es decir dinamizar) y aplicar la primera ceniza en un día de Sol y Luna ante Tauro. Después de cuatro semanas, la Luna vuelve a estar ante Tauro y aplicamos por segunda vez la ceniza. Cuatro semanas después, se aplica la ceniza por tercera vez con la Luna ante Tauro.

Siempre nos preguntan por qué todos los preparados han de aplicarse tres veces si se quieren obtener buenos resultados. Dar una respuesta precisa no es fácil. En los ensayos que realizamos con diluciones, cenizas y también con los preparados biodinámicos, siempre hemos comprobado que una o dos aplicaciones no daban tan buenos resultados como cuando se aplicaban tres veces. Con los preparados biodinámicos, con las diluciones y las cenizas nos alejamos de lo puramente material (basta con que imaginemos la poca cantidad de ceniza que espolvoreamos en una colonia), por lo que podemos decir que nos encontramos en un plano donde actúan las fuerzas espirituales.

Aplicación de la ceniza triturada, es decir dinamizada

Metemos la ceniza en un salero. El salero que utilizamos nosotros es un recipiente de 6 cm de alto, 4 cm de ancho y una tapadera de hojalata con orificios. Los orificios del pimentero son muy pequeños. Abrimos la colmena, la humeamos un poco para que las abejas sepan que viene el apicultor y después espolvoreamos un poco de ceniza en las calles de los panales encima de la cría. Para que no echemos demasiada ceniza, podemos probar antes sobre una hoja blanca. Después cerramos la colmena y vamos a la colmena siguiente. La ceniza que cabe en un salero tiene que valer para aproximadamente 25 colmenas.

Si volvemos a las enfermedades de las abejas e intentamos comprender que tienen su origen en la debilitación de la abeja, entonces tenemos que intentar todo para que desaparezca esta debilidad. Seguramente no hemos explicado todo, pero sí lo esencial. No podemos culpar solo a otras personas o al medio ambiente sino que también tenemos que ver nuestra propia posición y comportamiento con respecto a la abeja. Si reconocemos la problemática que surge para las abejas con la cría de reinas, los cuadros, el alimento de invierno, los cajones y las flores que puedan faltar en el entorno, entonces podremos eliminar poco a poco todos esos factores que conllevan al debilitamiento de la abeja. Para que el apicultor no pierda la esperanza tendrá que actuar paso a paso, ya que querer solventar todos los factores de una vez es algo que supera las fuerzas de un individuo.

En este contexto queremos explicar un ejemplo que muestra lo difícil que puede ser eliminar una enfermedad cuando queremos aprovechar la eficacia de fuerzas y sin embargo no se sabe suficiente sobre sus efectos. Un amigo apicultor nos contaba que tenía ácaros de varroa en su colmenar y que la dilución D8 (es decir el método antiguo) no daba ningún efecto. El apicultor, intranquilo, decidió utilizar una vergueta de zahorí en el colmenar. Era conocido que el antecesor que había construido el colmenar, lo había emplazado en un lugar con determinadas radiaciones que había determinado con la vergueta. Su asombro fue grande al descubrir que la colmena que apenas reaccionaba a la D8, se encontraba encima de radiaciones. Esta colmena había sido siempre fuerte y había sido muy productora, pero sufría de la varroa y no reaccionaba a la D8. Podemos ver que determinadas radiaciones son positiva; por otro lado pueden producir claramente un debilitamiento de la colmena o incluso fomentar la reproducción de la varroa. Aquí no basta con el efecto de la ceniza. Sobre este lugar no deben colocarse colmenas. Estos detalles son los que puede ayudar en el cuidado de un colmenar o pueden quitarle a uno la esperanza y las fuerzas para criar de forma correcta a las abejas.

Ya hemos indicado que la varroa prefiere la cría de zánganos. Esto indujo a que los apicultores regularmente retiraban los paneles de zánganos de las colonias, tan pronto como tenían la cría operculada. El efecto deseado de que los ácaros fueran desapareciendo no apareció. Esto se debe seguramente a que en la época de crecimiento del año la relación entre la cría de obreras y zánganos no era favorable.

Para conseguir el efecto de cría de zánganos "absorbe ácaros", colocaremos un panal de zánganos en el emplazamiento de invierno para que la colonia críe zánganos lo más pronto posible.

Debemos colocar el panal de zánganos en otoño antes de dar el alimento de invierno poniéndolo directamente en la cría, para que ya pronto en primavera haya cría. El apicultor tiene que observar bien las colonias cuando las controle en primavera, ya que la primera cría de zánganos debe haber atraído a muchos ácaros de varroa. Tenemos que cortar el panal antes de la eclosión para evacuar los ácaros de la colonia. De esta manera, ya a principios de primavera podemos aniquilar a gran parte de los ácaros que han invernado en la colmena.

El panal de zánganos que hemos colocado en otoño en la colmena tiene que haber tenido ya una cría, ya que en primavera los panales blancos no utilizados todavía para cría no se usan tan rápidamente para depositar huevos como los que fueron usados ya una vez. Se pone el panal de zánganos antes del alimento de invierno, precisamente en la cámara de cría donde la colonia seguramente se encuentre en primavera, después de haber retirado el alimento. Generalmente está lejos de la piquera, es decir o bien detrás de la cría o en la parte superior, encima de la cría.

Cuando intentamos averiguar por qué los ácaros de varroa prefieren la cría de zánganos, las explicaciones de Rudolf Steiner nos llevan a cada uno de los seres de una colonia. Según él, la reina y las obreras son "seres solares", mientras que el zángano es un "ser terrestre". Si observamos las celdas de cada uno de ellos, vemos que la reina se cría en una celda redonda, de forma solar. Las obreras y los zánganos crecen en celdas hexagonales. Rudolf Steiner explica, como ya hemos indicado, que las celdas hexagonales vistas desde el punto de vista de sus efectos, se las puede comparar a los cuarzos. Los cuarzos aún disponiendo muchas "fuerzas de luz", nacen en lo profundo de la Tierra. En el proceso de nacimiento en la tierra, los cuarzos absorben fuerzas que solo se dan en la tierra. Podríamos decir que esos efectos de tierra se expresan en la forma del cuarzo.

La relación entre las fuerzas de la tierra de los cristales y las celdas de las obreras y los zánganos, no solo la encontramos en la forma sino también en las constelaciones en las que las abejas mejor construyen, es decir cuando hacen las celdas y los panales. Estas constelaciones son las de "Tierra-Raíz". Esto nos demuestra que la construcción de celdas hexagonales están relacionadas con las fuerzas de la Tierra. Después de lo dicho podríamos afirmar que las obreras son "animales terrestres".

Pero ya que escoge otro momento que el zángano para desarrollarse se la considera un animal solar y la forma del cuarzo actúa sobre ella con las fuerzas de luz que puede poseer un cristal. Esto demuestra las capacidades que pueden emanar de la forma hexagonal. Los lectores que encuentren este planteamiento insuficiente, podrán leer una explicación más detallada en una próxima publicación al respecto.

En la cría artificial de reinas tomamos el "material base" de las celdas hexagonales. Sobre las larvas han actuado cuatro o cinco días las fuerzas hexagonales, es decir que las larvas han absorbido también las fuerzas de la Tierra. Las reinas que nacen de estas larvas ya no son animales solares puros sino que tienen una influencia terrestre también.

Si consideramos cuántas generaciones se han criado con larvas de obreras y así han absorbido de forma repetitiva las fuerzas terrestres, entonces podemos imaginarnos hasta qué punto las reinas sucesoras están influidas por éstas. Esto significa que las obreras que desde hace décadas nacen de reinas de cría, de parte materna, de parte de la reina, reciben demasiadas fuerzas de tierra y pocas fuerzas solares.

Esto tiene como consecuencia, que las obreras en cuanto a las fuerzas se refiere, se han acercado al "animal terrestre" zángano. Esto puede servir quizás de respuesta a la pregunta de por qué la varroa no ataca solo a la cría de zánganos sino también a la cría de obreras. Han absorbido a lo largo de los años tantas fuerzas de tierra que la varroa, que normalmente preferiría solo al zángano, también ataca a la cría de obreras como base de vida para ella.

PLANTAS CULTIVADAS
PARA LAS ABEJAS

En el campo hay dos tipos de paisajes. Por un lado tenemos la naturaleza virgen y por otro los cultivos. En la naturaleza virgen podemos observar durante el año cómo crecen y se desarrollan las plantas, al menos durante el período en el que no hay heladas, es decir durante el período de vegetación. Con el crecimiento de las plantas siempre hay una oferta más o menos extendida de flores. De una manera maravillosa y en el momento preciso, la naturaleza ofrece a cada grupo de insectos las flores correspondientes como sustancia nutritiva. Estas circunstancias paradisíacas para los insectos, las encontramos solo allí donde el ser humano no ha civilizado el paisaje natural. Donde aparece el ser humano en grandes grupos y empieza a vivir de la naturaleza, llega un momento en el que los frutos de la naturaleza ya no son suficientes y hay que cultivar. Así se pasa de la naturaleza virgen al paisaje de cultivos.

Los cultivos se caracterizan por la aparición en profusión de ciertas plantas y sus frutos, faltando completamente otros. Esto demuestra que el ser humano es capaz de plantar para obtener alimentos pero no puede competir con la sabiduría de la naturaleza y de la Creación. A menudo no es capaz de mantener un equilibrio, sino que cae en extremos que van en contra del equilibrio existente en la naturaleza. Un resultado de un paisaje de cultivo creado por el ser humano es entre otros el empobrecimiento del mundo floral.

Las abejas no pueden vivir sin flores, por lo que estamos obligados a trashumar con ellas de primavera a otoño o, en períodos sin flores, ofrecerles proteínas como alimento temporal. Existen para ello diferentes sucedáneos de polen que no alcanzan a tener la calidad del polen que hay en la naturaleza. El alimentar a las abejas con las necesarias sustancias proteínicas es el camino más fácil para el apicultor. Los apicultores no son lo suficientemente conscientes de lo que supone este sucedáneo proteínico de polen para la salud de las abejas. Estos sucedáneos son seguramente parecidos al polen desde el punto de vista de estructura de la materia, pero siguen siendo sucedáneos.

Si queremos que las abejas tengan polen natural durante todo el año, no podemos prescindir de la plantación planificada de flores. No solo hablamos de árboles y matorrales, sino también de plantas que se pueden plantar en el huerto o en los campos. Los árboles y los matorrales presentan ventajas, ya que después de la plantación no necesitan muchos cuidados. Es fácil encontrarles un sitio ya que no necesitan grandes espacios. Las plantas que plantemos en el huerto o en el campo necesitan, al contrario, un cuidado continuo y ocupan grandes superficies si queremos que merezca la pena su plantación para las abejas. Las abejas y los apicultores han recibido en los últimos años cierta ayuda en Alemania, dentro del marco de sus programas de apoyo a la agricultura. Cada vez más encontramos cultivos de colza, lino, trigo sarraceno y campos de facelia en lugares donde nunca se hubiera pensado antes. Esperemos que no sea solo una moda.

Los apicultores suelen disponer solo de un huerto pero no de grandes terrenos, por lo que cada vez es más difícil ampliar los prados para las abejas. En las zonas rurales, queda como opción hablar con los agricultores y ofrecerles semillas de plantas que son necesarias para las abejas, para que las planten como cultivo intermedio haciendo un servicio a las abejas y a la tierra. En las regiones donde haya mucho terreno en barbecho, los apicultores podrían unirse y hacer de estos campos prados para abejas. No debemos restar importancia a nuestro propio jardín. En el día de hoy, toda planta de flor es de gran valor para las abejas. Son importantes sobre todo las plantas autóctonas, como ya hemos descripto en el apartado sobre las enfermedades.

Si tenemos la posibilidad de cultivar plantas para las abejas, recomendamos escoger fundamentalmente plantas que ya se encuentren en la región. Si por ejemplo queremos plantar un arce, hemos de escoger uno propio de la zona y no un arce de adorno por razones ópticas, ya que esta no será la ayuda que esperan las abejas. Hemos de informarnos también sobre las cualidades de la tierra para poder plantar especies que realmente crezcan en esa región. Tenemos que tener en cuenta también el lugar donde plantamos. En parajes secos solo pueden crecer plantas que necesitan poca agua. En valles húmedos utilizamos plantas que prefieren la humedad.

Una vez que hemos visto todos los factores tenemos también la oportunidad de aprovechar los efectos cósmicos para influir positivamente en la formación de polen y néctar en las plantas de temporada o en las que viven más años, ya sea en campos o en jardín. Los ensayos que hemos realizado durante años han demostrado que el polen aumenta si realizamos los trabajos de siembra, cuidado y cosecha en días de Luz/Flor. Si queremos influir positivamente en la formación de néctar, entonces escogemos los días de Calor/Fruto.

Si por diversas razones no hemos podido aprovechar estos impulsos en la siembra, podemos activar los impulsos correspondientes aplicando el preparado biodinámico 501 (sílice de cuerno) en días de Luz/Flor y en Calor/Fruto.

En el ensayo que describimos a continuación veremos claramente cómo el preparado de sílice influye en la formación de polen y néctar. En días de Luz/Flor plantamos 1/2 ha de mostaza. Una parte se pulverizó con el preparado de sílice en días de Luz, Agua, Calor y Tierra. Otros cuadros no se trataron. La franja que fue tratada en días de Luz/Flor fue buscada por las abejas para recoger polen y la que fue tratada en días de Calor/Fruto, principalmente fue volada para recoger néctar.

Si plantamos para tener suficiente polen y néctar, recomendamos tratar una parte con el preparado de sílice en días de Luz/Flor y otra en días de Calor/Fruto. Si deseamos más polen y néctar, podemos llevar a cabo los tratamientos de superficies enteras en días de Luz/Flor o en días de Calor/Fruto. Si queremos sacar semillas para el año siguiente, tenemos que hacer la cosecha en días de Luz/Flor o en días de Calor/Fruto, ya que el crecimiento de las plantas del año siguiente está influido por las capacidades de las semillas.

Girasol　　　*Malvarrosa*

Facelia

Epilobio   *Borraja*

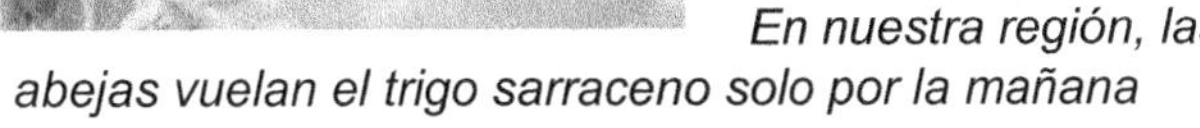

En nuestra región, las abejas vuelan el trigo sarraceno solo por la mañana

Ya que en cada región hay una tierra y un clima diferentes que hacen que se sientan bien unas plantas determinadas, no damos una lista de plantas a cultivar. Recomendamos que pregunten en las jardinerías, viveros y agricultores de la región y se informen sobre las plantas que mejor crecen en la zona.

El objetivo de plantar para las abejas es el de poder ofrecerles flores para el polen y el néctar durante todo el año, en primavera, verano y otoño, para volver innecesario el alimento de azúcar y sucedáneos de polen. La superficie a plantar no tiene que ser necesariamente tan grande que permita una recolección, sino simplemente asegurar que las abejas al recoger polen y néctar se mantengan activas y sigan criando.

EL SIGNIFICADO Y LA TAREA
DE LAS ABEJAS

Si tenemos en cuenta la situación actual del medio ambiente y la dificultad de obtener alimento sano, nos preguntamos si la función de las abejas solo se limita a ofrecer miel a los hombres y la polinización de las flores es solo algo secundario o si ambas funciones son de igual importancia. Se dice que allí donde durante largo tiempo no ha habido abejas, ha disminuido la variedad de las flores, por lo que tendríamos que dar mayor importancia a la polinización. La pregunta que hasta hoy queda sin respuesta es si esta disminución de la variedad de flores se debe al no haber abejas y por tanto menor polinización, o si al hecho de que las abejas no liberan sus sustancias venenosas en las flores. Ya hemos indicado que la abeja segrega una sustancia venenosa cuando se posa en una flor, antes de que tome el néctar. Rudolf Steiner describe cómo esto es de gran importancia para la existencia del mundo vegetal.

Vemos entonces que es difícil dividir las tareas de las abejas en cada una de sus actividades, si intentamos valorar los diferentes trabajos según sus necesidades momentáneas. Algunos opinan que hoy en día la miel tiene solo un papel secundario y que la polinización es lo más importante. ¿Pero sabemos qué significado tendría para el ser humano si no hubiera más miel? Queda claro que es difícil valorar justamente las funciones de un organismo ya que todas las funciones, aunque sean secundarias cumplen su cometido y mantienen al organismo en funcionamiento. La abeja es parte del organismo Tierra. Para la Tierra es vital la segregación de las sustancias venenosas de las abejas y la polinización, ya que la Tierra sin el mundo vegetal es impensable. Para el crecimiento y mantenimiento de los seres humanos son solo importantes los frutos que nacen de la Tierra. Entre estas sustancias son importantes la miel y la leche. El ser humano puede vivir malamente sin estas dos sustancias. No puede renunciar totalmente a ellas.

Los frutos o las sustancias dejan su efecto en el ser humano. Durante un tiempo el organismo puede prescindir del efecto de estas sustancias, ya que es capaz de compensarlo. Si por ejemplo durante un largo período no tomamos miel, una sustancia de flor que dispone de la fuerza cristalina hexagonal, sufriremos un debilitamiento de la sangre en el ámbito de los huesos y los músculos. Rudolf Steiner dice que la miel contribuye a garantizar la forma y mantenimiento del cuerpo humano. Dice que lo que es la leche materna para el bebé, lo es la miel para el adulto y el anciano.

Si observamos la construcción y la forma de vida de la colmena, vemos un organismo de un marcado carácter social. Si observamos esto y lo que resulta de ello desde el punto de vista de la Ciencia Espiritual, vemos que la miel y los demás productos de la colmena, así como el veneno que segrega y el modo de vida de las abejas, también van a tener un papel importante en el proceso de socialización del ser humano en el futuro.

MANTENIMIENTO DE LA ABEJA
EN EL FUTURO

Actualmente el mundo animal y vegetal está perdiendo especies. Es simple pensar que esto se debe solo a las influencias del medio ambiente y al ser humano. No minimizamos la influencia del medio ambiente y el comportamiento del ser humano, pero también están apareciendo transformaciones propias de la Tierra que están fuera de la influencia del ser humano. En la teoría de la evolución de Rudolf Steiner, se explica que al igual que en determinados momentos nacieron y se desarrollaron determinadas plantas y animales, en otros períodos desaparecieron especies de plantas y animales como un fenómeno que forma parte del desarrollo de la Tierra. Nos explica también que la abeja debe ser mantenida sobre la Tierra para las épocas futuras, pues ella acompañará al ser humano en la formación social de la humanidad.

Si vemos cuál es la situación actual y las actividades de la abeja entendemos la tarea del apicultor, del padre de las abejas. Actualmente, la abeja, en su calidad de productor natural, ha sido estimulada a un mayor rendimiento mediante diversos métodos. Esto ha producido un debilitamiento de la abeja y una tendencia a la enfermedad. Este aprovechamiento totalmente económico de la abeja ha conducido a que en realidad las abejas tienen el mismo rango que los animales criados en naves. Es sabido que la cría masiva de animales en naves ha conducido a una mayor tendencia a enfermedades de los mismos, debido a esa cría y mantenimiento en un estrecho espacio. En el caso de las abejas vemos un fenómeno parecido, que quedó claro al extenderse la varroa. Hasta hace unos años se pensaba que las abejas volaban fundamentalmente cerca de la colmena, pero ahora sabemos que no es así, que las abejas pueden volar lejos a otros colmenares. Esto contribuye a la rápida propagación de la varroa sobre grandes espacios. Otras enfermedades, como la cría podrida, pasan rápidamente de colmena a colmena, por lo que uno se pregunta si tiene sentido que en el futuro se mantengan los grandes colmenares. Para impedir la extensión de las enfermedades o controlarlas a un mínimo, tenemos que tener colmenares pequeños, que se repartan en el paisaje impidiendo que se pierdan las abejas.

La tarea que tiene el ser humano para poder mantener la existencia de la abeja no incluye como primordial el hecho de impedir que se pierdan las abejas en el vuelo. Lo principal de esta tarea es otra cosa. En esta publicación hemos hablado de reconocer y cuidar el ser de la abeja. Depende de cada apicultor el adaptarse a la vida de las abejas y recortar su idea de rentabilidad en su trabajo como apicultor. Pero de todas formas, si consigue cuidar a la abeja de acuerdo con su naturaleza, la cuestión de la rentabilidad se resolverá por sí sola. Algunos apicultores que hayan leído este libro pueden pensar que algunas explicaciones representan una vuelta atrás en la apicultura. Pero si podemos ayudar a las abejas para que puedan recuperar su fuerza, nuestras teorías son un avance de progreso. Este camino poco convencional de mirar hacia el futuro con las abejas, será más fácil para aquél que considera la abeja y la miel como algo especial. Las explicaciones de Rudolf Steiner sobre el ser de la abeja y la actuación del Cosmos en la práctica de la apicultura harán más fácil este camino para llegar a un buen cuidado de las abejas. Este objetivo solo se conseguirá si muchos apicultores lo siguen.

NOTAS DE LA COLMENA

Si tenemos que realizar regularmente trabajos en la colmena, es muy útil tener un cuaderno de notas. Mediante estas notas, que se toman después de cada control, siempre podemos leer lo que se ha hecho y uno puede concentrarse mejor en las operaciones del momento actual. Si por ejemplo queremos saber si una colonia está huérfana en el momento de una visita, podemos controlar la próxima vez el cuadro puesto con este fin.

Ernst Perkiewicz desarrolló a lo largo de los años un cuaderno de notas de colmena, en el que en poco espacio se podían escribir todas las observaciones y operaciones importantes. Ernst Perkiewicz ha muerto ya y nosotros incluimos aquí una parte de su trabajo, que en el año 1965 se publicó en la revista alemana de apicultura.

MIS SIGNOS PARA EL LIBRO DE NOTAS DE LA COLMENA

Ernst Perkiewicz
Profesor de apicultura en la Escuela de Apicultura
de Marburg, Alemania

A instancias de la revista de Apicultura de Alemania explico a continuación mi vocabulario de signos para las notas de la colmena. De esta manera tenemos un cuaderno de notas fácil y completo. Nosotros las enseñamos desde hace años en la Escuela de Apicultura de Marburg con mucho éxito. En todos los cursos y conferencias que hemos realizado hemos constatado la gran demanda que hay de un vocabulario simple y claro. Las primeras ideas para este vocabulario de signos me surgieron en el año 1924 del Profesor Dr. L. Armbruster, del Instituto para Apicultura en Berlín-Dahlem. En su publicación, "Bienenhaltungob und wie", Biene-Verlag Lindau/Bodensee, ("Apicultura, cómo y cuándo") podemos ver su forma de hacer este vocabulario. También el abad Herold nos mostró en su gran libro de apicultura su manera de hacer estos signos. Todo se parece mucho y uno es libre de tomar los signos que le convengan.

Todo trabajo en la colmena, cualquier operación u observación queda escrita. Desde hace años lo vengo haciendo y en nuestros centros de ensayo también se realiza así. El señor Dr. Wahl ha adquirido también estos signos para medir el rendimiento. Podemos tomar nota de cualquier proceso de la colmena. Así evitamos actuaciones erróneas. Podemos tomar nota de la vida de las abejas y su mundo en la colmena y así poder observar. Si tomamos siempre notas, esto nos va a permitir hacer un buen trabajo de invierno después de haber cuidado bien la colmena en verano. Es un yacimiento de conocimiento. De esta manera practicamos fácilmente un cuidado correcto o erróneo, junto con la producción de miel, la salud de la colmena, la fuerza y cría de las colmenas.

Mi interés radicaba en reconocer los errores y encontrar el camino para un tratamiento correcto y con éxito de las colmenas. Con estas observaciones aprendemos de las abejas y encontramos el mejor camino para ellas.

Los signos los escribimos en tarjetas con líneas del tamaño de una tarjeta postal o media tarjeta. Colgamos las tarjetas en la puerta de las colmenas sujetas con un alambre para poder retirarlas fácilmente. El alambre se sujeta a la puerta mediante unos agujeros que hemos hecho en ella. A continuación ponemos una serie de símbolos que sirven como ejemplo.

Colmena: Reina de año:

Número: Origen:

Fechas:

En la puerta anterior de la colmena escribimos con tiza
el tipo de colmena.

Tipo de colmena

C = Colmena

CM = Colmena madre

CE = Colmena de emplazamiento

PE = Primer enjambre

SE = Segundo enjambre

Signos que designan a la reina y su carrocha.

RF = Reina fecundada

RNF = Reina no fecundada

O = Obreras

Z = Zánganos

1 = Huevo

2 = Carrocha abierta, larvas

3 = Carrocha operculada

C. Estado de la Colonia

CH = Colonia huérfana

CF = Celdilla fecundada

CO = Celdilla operculada

LN = Larva nacida